미래와 통하는 책

동양북스 외국어
베스트 도서
700만 독자의 선택!

새로운 도서,
다양한 자료
**동양북스
홈페이지에서
만나보세요!**

www.dongyangbooks.com
m.dongyangbooks.com

※ 학습자료 및 MP3 제공 여부는 도서마다 상이하므로 확인 후 이용 바랍니다.

홈페이지 도서 자료실에서 학습자료 및 MP3 무료 다운로드

PC

❶ 홈페이지 접속 후 도서 자료실 클릭
❷ 하단 검색 창에 검색어 입력
❸ MP3, 정답과 해설, 부가자료 등 첨부파일 다운로드
  * 원하는 자료가 없는 경우 '요청하기' 클릭!

MOBILE

* 반드시 '인터넷, Safari, Chrome' App을 이용하여 홈페이지에 접속해주세요. (네이버, 다음 App 이용 시 첨부파일의 확장자명이 변경되어 저장되는 오류가 발생할 수 있습니다.)

❶ 홈페이지 접속 후 ≡ 터치

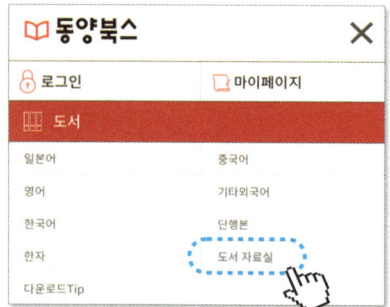

❷ 도서 자료실 터치

❸ 하단 검색창에 검색어 입력
❹ MP3, 정답과 해설, 부가자료 등 첨부파일 다운로드
  * 압축 해제 방법은 '다운로드 Tip' 참고

일본어뱅크

바로바로
연습해서
차근차근
나아가는

착착 일본어 STEP 1

ちゃくちゃく

동양북스

초판 6쇄 | 2023년 3월 5일

지은이 | 유장옥, 유은경, 김선영, 아오키 사야카, 타부치 미유, 가와하라다 노리코, 김영
발행인 | 김태웅
편 집 | 길혜진, 이선민
디자인 | 남은혜, 신효선
마케팅 | 나재승
제 작 | 현대순

발행처 | 동양북스
등 록 | 제 2014-000055호
주 소 | 서울시 마포구 동교로22길 14(04030)
구입 문의 | 전화 (02)337-1737 팩스 (02)334-6624
내용 문의 | 전화 (02)337-1762 dybooks2@gmail.com

ISBN 979-11-5703-177-1 14730
     979-11-5703-175-7 (세트)

ⓒ 유장옥 · 유은경 · 김선영 · 아오키 사야카 · 타부치 미유, 2016

▶ 이 책은 저작권법에 의해 보호받는 저작물이므로 무단 전재와 무단 복제를 금합니다.
▶ 잘못된 책은 구입처에서 교환해 드립니다.
▶ 도서출판 동양북스에서는 소중한 원고, 새로운 기획을 기다리고 있습니다.
http://www.dongyangbooks.com

이 도서의 국립중앙도서관 출판시도서목록(CIP)은 서지정보유통지원시스템 홈페이지(http://seoji.go.kr)와
국가자료공동목록시스템(http://www.nl.go.kr/kolisnet)에서 이용하실 수 있습니다.
(CIP제어번호:CIP2016003774)

머리말

『착착 일본어 STEP 1』은 '학습자는 쉽고 재미있게, 선생님은 수업에 활용하기 쉬운 초급 일본어 교재를 만들자!'라는 목적으로 집필을 시작하였습니다. 흥미나 관심을 가지고 일본어 공부를 시작한 학습자도 어려운 문법 설명이나 회화의 벽에 부딪혀 학습 의욕을 잃게 되는 경우를 흔히 볼 수 있습니다. 본 교재는 학습자가 처음에 가졌던 흥미와 의욕을 고취시키고, 나아가 더욱 쉽고 재미있게 일본어를 학습할 수 있도록 만들고자 노력하였습니다.

본 교재는 일본어 학습자라면 누구나 쉽고 재미있게, 단기간에 생활 일본어 회화가 가능하도록 초급 단계에서 꼭 익혀야 할 문법 항목과 어휘를 엄선하여 구성하였습니다.

먼저, 모든 문법 항목에 대해 학습한 후 패턴 연습을 하는 것이 아니라, 하나의 문법 항목에 대해 학습한 후 '바로바로 연습'을 통해 곧바로 해당 문법 항목에 대한 패턴 연습을 하도록 구성하였습니다. 이렇게 함으로써 좀 더 효율적으로 회화 실력의 향상을 꾀할 수 있습니다.

그리고 무엇보다 본 교재의 가장 큰 특징이라 할 수 있는 부분은 히라가나와 가타카나를 나누어 학습할 수 있게 구성되어 있다는 점입니다. 즉, 히라가나, 가타카나를 한꺼번에 익혀야 하는 부담을 덜기 위해 가타카나는 UNIT 06에 배치하였습니다. UNIT 01~05의 학습이 진행되는 동안 완벽하게 히라가나와 그 발음을 익힌 후에 가타카나를 도입함으로써, 학습자가 초급 단계에서 어려워 하는 가타카나까지 완벽하게 익힐 수 있도록 하였습니다.

마지막으로 각 과마다 생생한 일본 문화 이야기를 실어 일본 문화에 대한 흥미도 유지하고 일본어 학습에도 도움이 되고자 하였습니다.

본 교재는 일본어 학습을 시작하는 학습자가 더 쉽고 재미있게 기초를 익히고, 탄탄한 기초를 바탕으로 일본어를 마스터할 수 있게 되기를 바라는 마음으로 준비하였습니다.

본 교재가 출간되기까지 도움을 주신 많은 선생님들께 감사드리며, 좋은 교재를 만들기 위해 노고를 아끼지 않은 동양북스 일본어편집부와 관계자 여러분께 감사의 마음을 전합니다.

저자 일동

이 책의 구성과 특징

일본어의 문자와 발음

일본어의 문자와 발음은 UNIT 01과 UNIT 06, 두 번에 나누어 학습합니다. 우선, UNIT 01에서는 일본어 학습의 기초가 되는 히라가나와 그 발음에 대해 학습합니다. 일본인 성우의 녹음을 들으며 정확한 발음을 익힐 수 있습니다. 청음, 탁음, 반탁음, 요음, 촉음, 발음, 장음에 대해 학습합니다. UNIT 06에서는 가타카나에 대해 학습합니다. 히라가나에 대해 학습하는 UNIT 01이 독자적인 흐름을 띠는 데 반해, 가타카나에 대해 학습하는 UNIT 06에서는 이 책의 주요 구성과 흐름을 따르도록 구성되었습니다.

시작

해당 UNIT에서 학습할 내용을 미리 살펴볼 수 있도록 간단한 학습목표, 회화문을 압축하여 만든 짧은 만화를 실었습니다. 한국어 대화 중간중간 주요 학습 내용을 일본어로 실어 더욱 더 흥미롭게 학습을 준비할 수 있도록 하였습니다.

바로바로 연습하는 문법노트

일본어의 기초 문법을 학습합니다. 가능한 한 패턴의 형식으로 제시하여 회화에도 활용할 수 있도록 하였습니다. 또한, 학습한 내용을 바로바로 연습해 볼 수 있도록, 문법과 패턴 연습을 교대로 배치하여 편의성을 높였습니다.

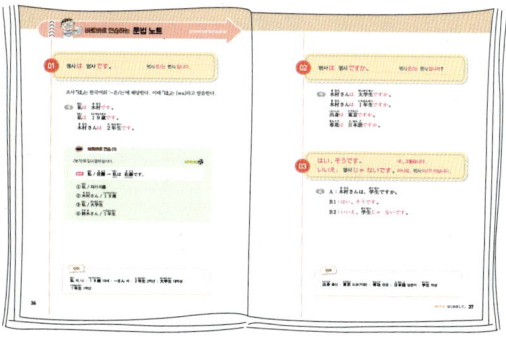

현장감이 넘치는 실전회화

일본으로 유학을 온 성호와 그의 유학생 도우미가 된 일본인 미사의 학교 생활을 소재로, 문법노트의 내용을 망라하여 회화문으로 구성하였습니다. 알아두면 학습에 도움이 될 만한 내용은 POINT에 따로 정리하였습니다.

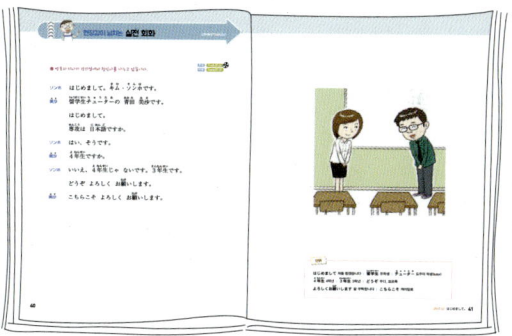

실력을 키우는 응용연습

문법노트, 바로바로 연습, 실전회화를 통해 학습한 내용을 다양한 형태로 연습해 봅니다. 여러 스타일로 구성되어 있기 때문에 더욱 흥미로운 학습이 될 수 있습니다.

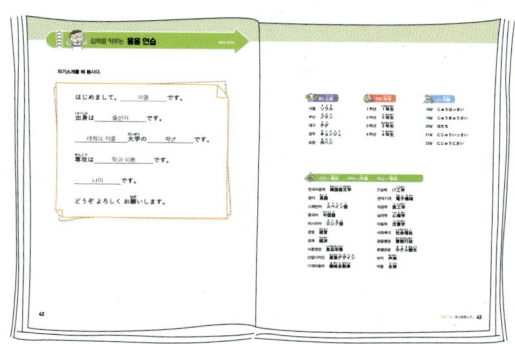

오늘의 일본 문화

오늘날 일본 사회의 문화에 대한 소개입니다. 다양한 삽화, 사진을 보며 일본에 대한 이해를 높일 수 있습니다.

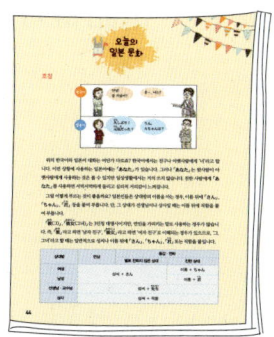

목차

머리말 3
이 책의 구성과 특징 4
목차 6
학습구성표 8
등장인물 소개 10

UNIT 01 ひらがな   히라가나 11

UNIT 02 はじめまして。 처음 뵙겠습니다. 35

UNIT 03 これは ゆず茶です。 이것은 유자차입니다. 45

UNIT 04 今 どこに いますか。 지금 어디에 있습니까? 55

UNIT 05 電話番号は 何番ですか。 전화번호는 몇 번입니까? 69

UNIT 06　カタカナ　가타카나 79

UNIT 07　日本料理の 中で 何が 一番 好きですか。
　　　　 일본 요리 중에서 무엇을 가장 좋아합니까? 89

UNIT 08　日本語の 先生は どんな 先生ですか。
　　　　 일본어 선생님은 어떤 선생님입니까? 99

UNIT 09　プレゼントは 何が いいですか。
　　　　 선물은 무엇이 좋습니까? 111

UNIT 10　いくらですか。　얼마입니까? 123

부록

문법 노트 예문 해석 136
실전 회화 해석 138
바로바로 연습 정답 143
주요 문법 정리 149

학습구성표

과	학습목표	학습내용
UNIT 01 ひらがな	히라가나를 익힌다.	① 히라가나 (청음, 탁음, 반탁음, 요음) ② 발음 (촉음, 발음, 장음)
UNIT 02 はじめまして。	명사문을 이용하여 간단한 자기소개를 할 수 있다.	① 명사 は 명사 です。　명사 은/는 명사 입니다. ② 명사 は 명사 ですか。명사 은/는 명사 입니까? ③ はい、そうです。 네, 그렇습니다. 　いいえ、명사 じゃ ないです。 　아니요, 명사 이/가 아닙니다. ④ 명사 の 명사　명사 의 명사
UNIT 03 これは ゆず茶です。	지시대명사를 이용하여 주변 사물이나 그 사물을 소유한 사람에 대해 묻고 답할 수 있다.	① 지시대명사 ② 지시대명사 は 명사 です。 　지시대명사 은/는 명사 입니다. ③ 지시대명사 は 명사 ですか。 　지시대명사 은/는 명사 입니까? ④ 지시대명사 は 何ですか。 　지시대명사 은/는 무엇입니까?
UNIT 04 今 どこに いますか。	あります・います를 이용하여 사물이나 사람의 위치에 대해 묻거나 답할 수 있다.	① あります／います 있습니다 ② 명사 は ありますか。／いますか。 　명사 은/는 있습니까? 　－はい、あります。／います。네, 있습니다. 　－いいえ、ありません。／いません。아니요, 없습니다. ③ 명사 は どこに ありますか。／いますか。 　명사 은/는 어디에 있습니까? ④ 위치 명사 ⑤ 명사 の 위치 명사 に あります。／います。 　명사 의 위치 명사 에 있습니다.
UNIT 05 電話番号は 何番ですか。	숫자 0~10을 이용하여 전화번호 등 숫자에 대해 묻거나 답할 수 있다.	① 숫자 (0~10) ② 전화번호 ③ 명사 は 何番／何号室ですか。 　명사 은/는 몇 번/몇 호실입니까? ④ 번호 ですね。 번호(이)군요. (확인)

과	학습목표	학습내용
UNIT 06 カタカナ	가타카나를 익힌다.	① 가타카나는 언제 쓸까? ② 가타카나의 장음 ③ 가타카나의 요음
UNIT 07 日本料理の 中で 何が 一番 好きですか。	好きです・苦手です를 이용하여 좋아하는 것과 싫어하는 것에 대해 묻거나 답할 수 있다.	① 명사 が 好きです。／苦手です。 　명사 을/를 좋아합니다. / 잘 못합니다(싫어합니다). ② 명사 と 명사、どっちが 好きですか。／苦手ですか。 　명사 와/과 명사, 어느 쪽을 좋아합니까? / 잘 못합니까(싫어합니까)? 　－ 명사 の 方が 好きです。／苦手です。 　　명사 을/를 더 좋아합니다. / 잘 못합니다(싫어합니다). ③ 명사 の 中で、何が 一番 好きですか。／苦手です。 　명사 중에서 무엇을 가장 좋아합니까? / 잘 못합니까(싫어합니까)? 　－ 명사 が 一番 好きです。／苦手です。 　　명사 을/를 가장 좋아합니다. / 잘 못합니다(싫어합니다).
UNIT 08 日本語の 先生は どんな 先生ですか。	な형용사를 이용하여 사람·사물·장소의 상태와 모양에 대해 말할 수 있다.	① な형용사 です。 な형용사 입니다. ② な형용사 じゃ ないです。 な형용사 지 않습니다. ③ な형용사 ですか。 な형용사 입니까? 　－はい、な형용사 です。 －네, な형용사 입니다. 　－いいえ、な형용사 じゃ ないです。 　　아니요, な형용사 지 않습니다. ④ な형용사 で、な형용사 です。 　な형용사 고/서, な형용사 입니다. ⑤ な형용사 な ＋ 명사　な형용사 인 명사
UNIT 09 プレゼントは 何が いいですか。	い형용사를 이용하여 사람·사물·장소의 상태와 모양에 대해 말할 수 있다.	① い형용사 です。 い형용사 입니다. ② い형용사 く ないです。 い형용사 지 않습니다. ③ い형용사 ですか。 い형용사 입니까? 　－はい、い형용사 です。 네, い형용사 입니다. 　－いいえ、い형용사 く ないです。 　　아니요, い형용사 지 않습니다. ④ い형용사 い ＋ 명사　い형용사 인 명사 ⑤ い형용사 くて、い형용사 です。 　い형용사 고/서, い형용사 입니다. ⑥ 명사 は どうですか。 명사 은/는 어떻습니까?
UNIT 10 いくらですか。	숫자를 이용하여 가격에 대해 묻거나 답할 수 있다.	① 숫자 (10〜10,000) ② いくらですか。얼마입니까? ③ 명사 ください。 명사 주세요. ④ 물건 세기

キム・ソンホ (김성호)

일본어를 전공하고 있는 대학교 3학년 학생이다.
이번 봄부터 일본 도쿄에 있는 에도대학교에서 유학하고 있다.

青田美沙 (아오타 미사)

현재 4학년인 에도대학교 재학생이다.
유학생 도우미를 맡고 있다.

ひらがな
히라가나

학습목표 히라가나를 익힌다.

오십음도

	あ단	い단	う단	え단	お단
あ행	あ a	い i	う u	え e	お o
か행	か ka	き ki	く ku	け ke	こ ko
さ행	さ sa	し shi	す su	せ se	そ so
た행	た ta	ち chi	つ tsu	て te	と to
な행	な na	に ni	ぬ nu	ね ne	の no
は행	は ha	ひ hi	ふ hu	へ he	ほ ho
ま행	ま ma	み mi	む mu	め me	も mo
や행	や ya		ゆ yu		よ yo
ら행	ら ra	り ri	る ru	れ re	ろ ro
わ행	わ wa				を o
	ん N				

が행	が ga	ぎ gi	ぐ gu	げ ge	ご go
ざ행	ざ za	じ zi	ず zu	ぜ ze	ぞ zo
だ행	だ da	ぢ zi	づ zu	で de	ど do
ば행	ば ba	び bi	ぶ bu	べ be	ぼ bo
ぱ행	ぱ pa	ぴ pi	ぷ pu	ぺ pe	ぽ po

あ단		う단		お단	
きゃ	kya	きゅ	kyu	きょ	kyo
しゃ	sha	しゅ	shu	しょ	sho
ちゃ	cha	ちゅ	chu	ちょ	cho
にゃ	nya	にゅ	nyu	にょ	nyo
ひゃ	hya	ひゅ	hyu	ひょ	hyo
みゃ	mya	みゅ	myu	みょ	myo
りゃ	rya	りゅ	ryu	りょ	ryo

ぎゃ	gya	ぎゅ	gyu	ぎょ	gyo
じゃ	ja	じゅ	ju	じょ	jo
ぢゃ	ja	ぢゅ	ju	ぢょ	jo
びゃ	bya	びゅ	byu	びょ	byo
ぴゃ	pya	ぴゅ	pyu	ぴょ	pyo

ひらがな 히라가나

1-1 청음(清音)

あ행 일본어의 모음으로, 그 중 「う」는 한국어의 '우'와 '으'의 중간 발음이다.

あ	い	う	え	お
a	i	u	e	o

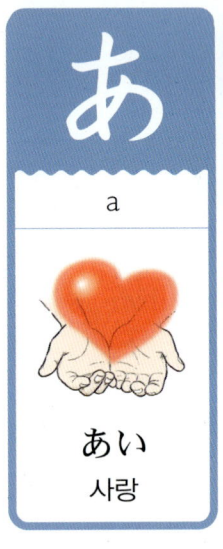
あい
사랑

いえ
집

うえ
위

え
그림

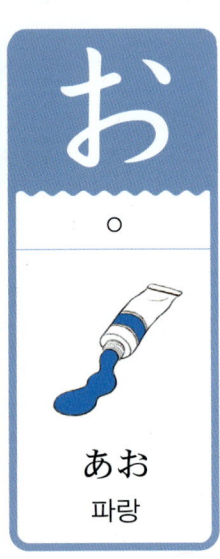
あお
파랑

か행 어두에 오면 'ㄱ'과 'ㅋ'의 중간 발음이고, 어중과 어말에 오면 'ㄲ' 발음과 비슷하다.

か	き	く	け	こ
ka	ki	ku	ke	ko

あか
빨강

かき
감

かく
쓰다, 적다

いけ
연못

こえ
목소리

さ행

「し」는 한국어의 '시'의 발음과 비슷하다.

さ	し	す	せ	そ
sa	shi	su	se	so

かさ
우산

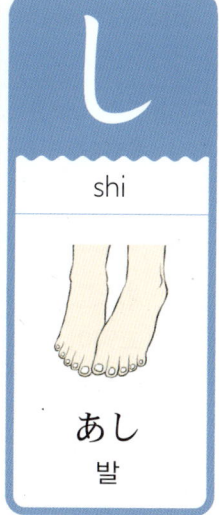
あし
발

すし
초밥

せかい
세계

うそ
거짓

た행

어두에 오면 'ㄷ'과 'ㅌ'의 중간 발음이고, 어중과 어말에 오면 'ㄸ' 발음과 비슷하다. 「ち」는 '치', 「つ」는 '츠'와 '추'의 중간 발음이다.

た	ち	つ	て	と
ta	chi	tsu	te	to

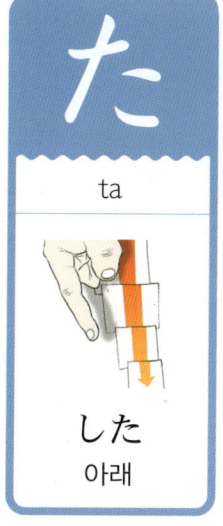
した
아래

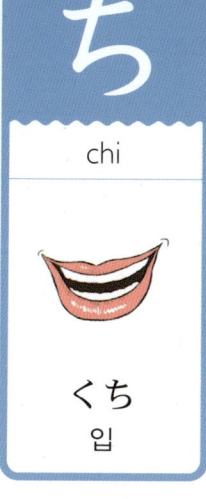
くち
입

つくえ
책상

て
손

そと
밖

 な행   한국어의 'ㄴ'과 비슷한 발음이다.

な	に	ぬ	ね	の
na	ni	nu	ne	no

なつ	なに	いぬ	ねこ	きのう
여름	무엇	개	고양이	어제

は행   [h] 발음은 잘 들리지 않는 경우가 많으므로 주의해야 한다.

は	ひ	ふ	へ	ほ
ha	hi	hu	he	ho

 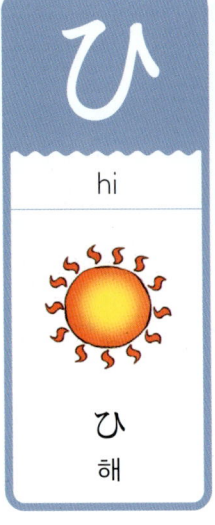   

はは	ひ	ふね	へそ	ほし
어머니	해	배	배꼽	별

 한국어의 'ㅁ'과 비슷한 발음이다.

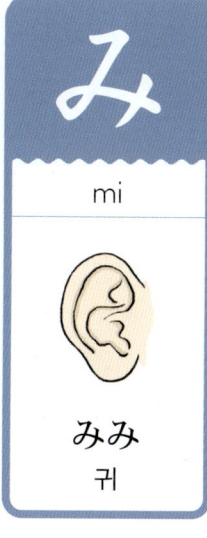

 일본어의 반모음으로, 한국어의 '야', '유', '요'와 비슷한 발음이다.

 한국어의 'ㄹ'과 비슷한 발음이다.

ら	り	る	れ	ろ
ra	ri	ru	re	ro

とら
호랑이

もり
숲

ひる
낮

これ
이것

ひろい
넓다

わ행・ん

「わ」는 반모음으로, 한국어의 '와'와 비슷한 발음이다. 「を」는 목적격 조사 '~을/를'로만 쓰이며 '오'와 비슷한 발음이다. 「ん」은 한국어의 받침에 해당하는 글자이다.

わ	を	ん
wa	o	N

わたし
저, 나

~を
~을/를

ほん
책

히라가나 연습

카드는 동양북스 홈페이지에서 다운로드 가능합니다.

🌀 **일본의 전통 카드게임, 가루타 놀이를 합시다!**

01 히라가나 완성하기

규칙
1. 4~5명이 한 조가 된다.
2. 각 조는 오십음 카드를 오십음도와 같은 모양이 되도록 나열한다.
3. 가장 빨리 오십음도를 완성한 조의 승리!

02 히라가나 찾기

규칙
1. 오십음 카드를 오십음도와 같이 배열한다.
2. 교사가 발음한 글자를 카드에서 찾아 재빨리 집는다.
3. 가장 먼저 카드를 집은 사람이 그 카드를 가져간다.
4. 가장 많은 카드를 가져간 사람이 승리!

1-2 탁음(濁音)

탁음(濁音)은 청음보다 맑지 않은 소리를 말하며, 청음 「か행」, 「さ행」, 「た행」, 「は행」 각 글자의 오른쪽 위에 「゛」를 붙여 표기한다.

 が행

한국어 'ㄱ'과 비슷한 발음이다.

が	ぎ	ぐ	げ	ご
ga	gi	gu	ge	go

がか 화가	かぎ 열쇠	かぐ 가구	かげ 그늘	ごご 오후

 ざ행

「じ」는 한국어의 '지'와 비슷한 발음이다.

ざ	じ	ず	ぜ	ぞ
za	zi	zu	ze	zo

ひざ 무릎	あじ 맛	みず 물	かぜ 바람	ぞう 코끼리

「ぢ」는「じ」,「づ」는「ず」와 같은 발음이다.

だ / da / だいがく / 대학

ぢ / zi / はなぢ / 코피

づ / zu / かなづち / 쇠망치

で / de / そで / 소매

ど / do / まど / 창문

한국어 'ㅂ'과 비슷한 발음이다.

ば / ba / ばら / 장미

び / bi / くび / 목

ぶ / bu / ぶた / 돼지

べ / be / べんとう / 도시락

ぼ / bo / ぼうし / 모자

1-3 반탁음(半濁音)

 반탁음(半濁音)은 청음 「は행」의 각 글자 오른쪽 위에 「°」를 붙여 표기하며, 한국어 'ㅍ, ㅃ'과 비슷한 발음이다.

ぱ	ぴ	ぷ	ぺ	ぽ
pa	pi	pu	pe	po

かんぱい	えんぴつ	てんぷら	ぺらぺら	さんぽ
건배	연필	튀김	술술	산책

1-4 요음(拗音)

요음(拗音)은 「い」를 제외한 「い단」음에 「ゃ」, 「ゅ」, 「ょ」를 작게 붙여 쓰고, 그 두 글자를 묶어 한 박자로 발음한다.

きゃ	きゅ	きょ
kya	kyu	kyo
きゃく	きゅうり	きょう
손님	오이	오늘

しゃ	しゅ	しょ
sha	shu	sho
しゃかい	しゅうしょく	しょくどう
사회	취업	식당

ちゃ	ちゅ	ちょ
cha	chu	cho
おちゃ	ちゅうい	ちょうせん
차	주의	도전

UNIT 01 ひらがな

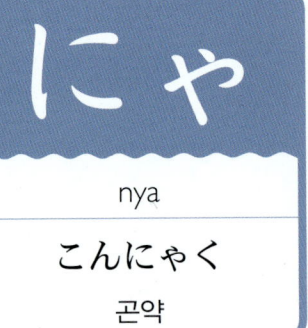

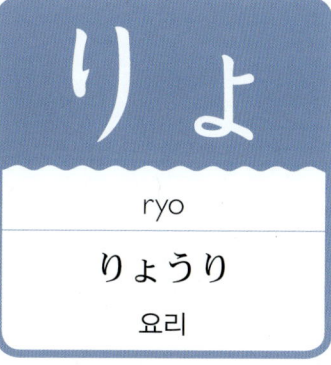

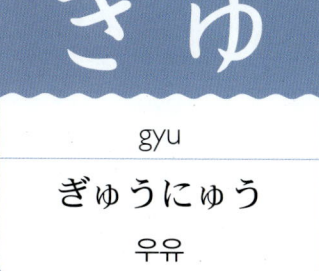
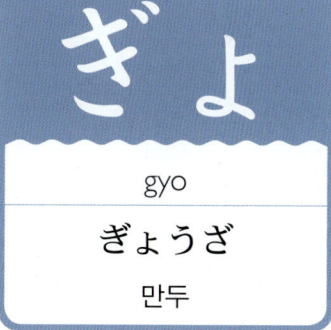

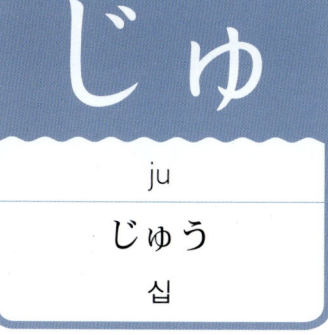

ぢゃ	ぢゅ	ぢょ
ja	ju	jo
ゆのみぢゃわん 찻잔		

びゃ	びゅ	びょ
bya	byu	byo
さんびゃく 삼백	びゅうびゅう 씽씽	びょういん 병원

ぴゃ	ぴゅ	ぴょ
pya	pyu	pyo
ろっぴゃく 육백	ぴゅうぴゅう 쌩쌩	はっぴょう 발표

発音 발음

2-1 촉음(促音)

「っ」

촉음(促音)은 「つ」의 작은 글자인 「っ」로 표기한다. 한국어의 받침과 같은 역할을 하며 한 박자를 가진다.

① っ+か행	② っ+さ행	③ っ+た행	④ っ+ぱ행
(ㄱ)	(ㅅ)	(ㄷ)	(ㅂ)
がっこう 학교	けっせき 결석	ちょっと 조금	いっぱい 가득
がっか 학과	ざっし 잡지	ぜったい 절대	いっぽん 한 병
ゆっくり 천천히	ひっす 필수	あっち 저쪽	いっぷん 1분

UNIT 01 ひらがな

2-2 발음(撥音)

Track 01-07

「ん」

발음(撥音)은 한국어의 받침과 같은 역할을 하며 한 박자를 가진다.

ん + ま행 ば행 ぱ행	ん + ざ행 た행 だ행 な행 ら행	ん + か행 が행	ん + あ행 さ행 は행 や행 わ행 ～ん(말끝)
(ㅁ)	(ㄴ)	(ㅇ)	(ㅇ과 ㄴ의 중간음)
さんま 꽁치 はんぶん 반 かんぱい 건배	かんじ 한자 おんち 음치 おんど 온도 あんない 안내 れんらく 연락	かんこく 한국 りんご 사과	はんい 범위 あんしん 안심 きねんひん 기념품 ほんや 서점 でんわ 전화 ほん 책

2-3 장음(長音)

일본에서는 음의 장단(長短)에 따라 의미가 달라지며, 같은 단이 겹치면서 긴 소리를 낸다. 가타카나에서는 「ー」로 표기한다.

① あ단	② い단	③ う단	④ え단	⑤ お단
a+a	i+i	u+u	e+e	o+o
お**かあ**さん k**aa** 어머니	い**い**え **ii** 아니요	す**う**じ s**uu** 숫자	お**ねえ**さん n**ee** 누나, 언니	**おお**さか **oo** 오사카(지명)
お**ばあ**さん b**aa** 할머니	お**いし**い sh**ii** 맛있다	じ**ゆう** y**uu** 자유	**ええ**と **ee** 음…	**おお**い **oo** 많다
			e+i	o+u
			せ**んせい** s**ee** 선생님	お**とう**さん t**oo** 아버지
			と**けい** k**ee** 시계	**とう**き**ょう** t**oo** ky**oo** 도쿄(지명)

Track 01-09

바로바로 연습

다음에 나오는 발음을 듣고 알맞은 히라가나에 V를 해 봅시다.

① ☐ あおい　　　　☐ おおい
　 ☐ ああい　　　　☐ おい

② ☐ ちゅうもん　　☐ ちゅもん
　 ☐ じゅうもん　　☐ じゅもん

③ ☐ びょいん　　　☐ びょういん
　 ☐ びょういん　　☐ びよいん

④ ☐ たいがく　　　☐ だいがく
　 ☐ たいかく　　　☐ だいかく

⑤ ☐ けせき　　　　☐ けっせき
　 ☐ けんせき　　　☐ けえせき

일본 지도

일본은 바다로 둘러싸인 섬 나라입니다. 4개의 큰 섬인 혼슈(本州), 홋카이도(北海道), 규슈(九州), 시코쿠(四国)와 약 6,800여 개의 섬으로 이루어져 있습니다. 홋카이도(北海道), 도호쿠(東北), 간토(関東), 주부(中部), 긴키(近畿), 주고쿠(中国), 시코쿠(四国), 규슈(九州), 오키나와(沖縄)의 8개 지방으로 구분하기도 합니다. 행정구역은 1도(都), 1도(道), 2부(府), 43현(県)의 총 47개 도도부현(都道府県)으로 구성되어 있으며, 수도는 도쿄(東京)이고 인구는 1억 2,693만 명(2015년 6월 1일 현재, 총무성)입니다.

일본 내 장거리 이동에는 자동차 외에 비행기, 신칸센(新幹線), 고속 버스 등이 이용됩니다. 신칸센은 일본의 고속 철도로 혼슈 북쪽의 아오모리(青森)에서 규슈 남쪽의 가고시마(鹿児島)까지 이어져 있는데, 향후 홋카이도까지 연결될 예정입니다. 혼슈와 규슈는 신칸몬(新関門) 터널, 혼슈와 홋카이도는 세이칸(青函) 터널로 연결되는데, 이 두 터널은 모두 해저터널로 신칸센과 자동차가 바다 아래로 다닐 수 있도록 되어 있습니다.

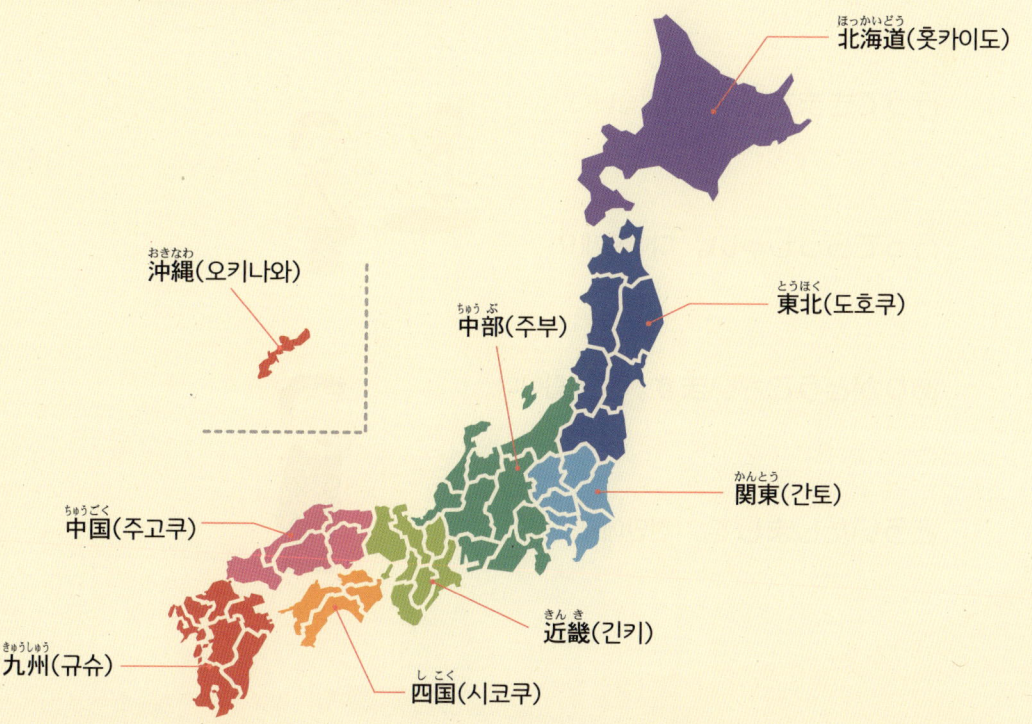

あいさつ 인사

おはようございます。 안녕하세요.(아침 인사)

こんにちは。 안녕하세요.(낮 인사)

こんばんは。 안녕하세요.(밤 인사)

いただきます。 잘 먹겠습니다.

ごちそうさまでした。 잘 먹었습니다.

行ってきます。 다녀오겠습니다.

行ってらっしゃい。 다녀오세요.

ありがとうございます。 감사합니다.

どういたしまして。 천만에요.

すみません。 죄송합니다.

大丈夫（だいじょうぶ）です。 괜찮습니다.

じゃまた。 じゃあね。 バイバイ。 안녕, 잘 가.

じゃまた来週（らいしゅう）。 그럼 또 다음 주에 (봐).

さようなら。 안녕히 가세요.

ただいま。 다녀왔습니다.

お帰（かえ）りなさい。 잘 다녀오셨어요.

おやすみなさい。 안녕히 주무세요.

教室用語 교실 용어

先生 선생님	学生 학생
始めましょう。 시작하겠습니다.	
見て ください。 봐 주세요.	
書いて ください。 써 주세요.	
言って ください。 말해 주세요.	
読んで ください。 읽어 주세요.	
聞いて ください。 들어 주세요.	
話して ください。 이야기해 주세요.	
質問 ありますか。 질문 있습니까?	はい。/ いいえ。 네. / 아니요.
分かりますか。 알겠습니까?	分かります。/ 分かりません。 알겠습니다. / 모르겠습니다.
一緒に～ 같이~	～は 日本語で 何ですか。 ~은 일본어로 무엇입니까?
もう 一度。 한번 더.	
終わりましょう。/ お疲れ様でした。 마칩시다. / 수고하셨습니다.	ありがとうございました。 감사합니다.

はじめまして。

처음 뵙겠습니다.

학습목표 명사문을 이용하여 간단한 자기소개를 할 수 있다.

● 성호와 미사가 강의실에서 첫인사를 나누고 있습니다.

바로바로 연습하는 문법 노트   grammar&practice

01 명사 は 명사 です。   명사 은/는 명사 입니다.

조사 「は」는 한국어의 '~은/는'에 해당한다. 이때 「は」는 [wa]라고 발음한다.

예) 私は 木村です。
　　私は １９歳です。
　　木村さんは ２年生です。

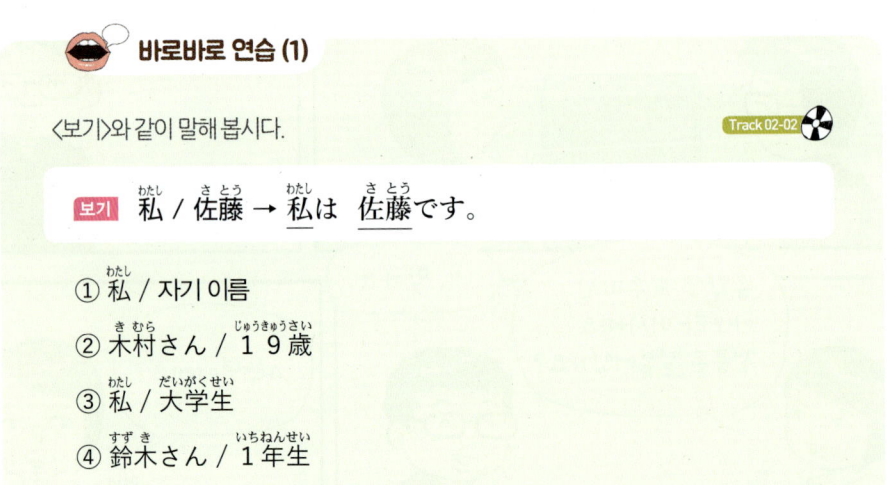

바로바로 연습 (1)

<보기>와 같이 말해 봅시다.

보기) 私 / 佐藤 → 私は 佐藤です。

① 私 / 자기 이름
② 木村さん / １９歳
③ 私 / 大学生
④ 鈴木さん / １年生

단어

私 저, 나 ｜ １９歳 19세 ｜ ～さん 씨 ｜ ２年生 2학년 ｜ 大学生 대학생
１年生 1학년

02 명사 は 명사 ですか。　　　　　명사 은/는 명사 입니까?

예
木村(きむら)さんは 大学生(だいがくせい)ですか。
木村(きむら)さんは 1年生(いちねんせい)ですか。
出身(しゅっしん)は 東京(とうきょう)ですか。
専攻(せんこう)は 日本語(にほんご)ですか。

03 はい、そうです。　　　　　네, 그렇습니다.
いいえ、명사 じゃ ないです。　아니요, 명사 이/가 아닙니다.

예
A：木村(きむら)さんは、学生(がくせい)ですか。
B1：はい、そうです。
B2：いいえ、学生(がくせい)じゃ ないです。

단어

出身(しゅっしん) 출신 | 東京(とうきょう) 도쿄(지명) | 専攻(せんこう) 전공 | 日本語(にほんご) 일본어 | 学生(がくせい) 학생

바로바로 연습 (2)

<보기>와 같이 말해 봅시다.

> 보기 佐藤(さとう)さん / 1年生(いちねんせい)
>
> A : 佐藤さんは、1年生ですか。
> B1: はい、そうです。
> B2: いいえ、1年生じゃ ないです。

① 鈴木(すずき)さん / 22歳(にじゅうにさい)
② 木村(きむら)さん / 大学生(だいがくせい)
③ 出身(しゅっしん) / 東京(とうきょう)
④ 専攻(せんこう) / 日本語(にほんご)

단어

22歳(にじゅうにさい) 22세

04 명사 の 명사   명사 의 명사

앞의 명사가 뒤의 명사를 수식할 때는 반드시 조사「の」가 들어간다.
이때 한국어로는 '~의'로 해석하거나 해석을 생략하기도 한다.

예) 江戸大学の 学生
    日本語専攻の 1年生

단어

江戸 에도 | 大学 대학교

현장감이 넘치는 **실전 회화**

● 성호와 미사가 강의실에서 첫인사를 나누고 있습니다.

전체 - Track 02-04
반복 - Track 02-05

ソンホ　はじめまして。キム・ソンホです。

美沙　　留学生チューターの 青田 美沙です。

　　　　はじめまして。

　　　　専攻は 日本語ですか。

ソンホ　はい、そうです。

美沙　　4年生ですか。

ソンホ　いいえ、4年生じゃ ないです。3年生です。

　　　　どうぞ よろしく お願いします。

美沙　　こちらこそ よろしく お願いします。

단어

はじめまして 처음 뵙겠습니다 | 留学生(りゅうがくせい) 유학생 | チューター 도우미 학생(tutor)
4年生(よねんせい) 4학년 | 3年生(さんねんせい) 3학년 | どうぞ 부디, 아무쪼록
よろしくお願(ねが)いします 잘 부탁합니다 | こちらこそ 저야말로

실력을 키우는 응용 연습

자기소개를 해 봅시다.

はじめまして。_____이름_____ です。

しゅっしん
出身は_____출신지_____ です。

_____대학교 이름_____ 大学の_____학년_____ です。
だいがく

せんこう
専攻は_____학과 이름_____ です。

_____나이_____ です。

どうぞ よろしく お願いします。
ねが

출신 出身

서울	ソウル
부산	プサン
대구	テグ
경주	キョンジュ
포항	ポハン

학년 学年

1학년	1年生
2학년	2年生
3학년	3年生
4학년	4年生

나이 年齢

18살	じゅうはっさい
19살	じゅうきゅうさい
20살	はたち
21살	にじゅういっさい
22살	にじゅうにさい

~전공 ~専攻　~학부 ~学部　~학과 ~学科

한국어문학	韓国語文学
영어	英語
스페인어	スペイン語
중국어	中国語
러시아어	ロシア語
경영	経営
경제	経済
식품영양	食品栄養
산업디자인	産業デザイン
기계자동차	機械自動車

IT공학	IT工学
전자기계	電子機械
의공학	医工学
심리학	心理学
아동학	児童学
사회복지	社会福祉
경찰행정	警察行政
호텔관광	ホテル観光
성악	声楽
자율	自律

호칭

위의 한국어와 일본어 대화는 어딘가 다르죠? 한국어에서는 친구나 아랫사람에게 '너'라고 합니다. 이런 상황에 사용하는 일본어에는 「あなた」가 있습니다. 그러나 「あなた」는 윗사람이 아랫사람에게 사용하는 것은 볼 수 있지만 일상생활에서는 거의 쓰지 않습니다. 친한 사람에게 「あなた」를 사용하면 서먹서먹하게 들리고 심리적 거리감이 느껴집니다.

그럼 어떻게 부르는 것이 좋을까요? 일본인들은 상대방의 이름을 아는 경우, 이름 뒤에 「さん」, 「ちゃん」, 「君(くん)」 등을 붙여 부릅니다. 단, 그 상대가 선생님이나 상사일 때는 이름 뒤에 직함을 붙여 부릅니다.

「彼(かれ)(그)」, 「彼女(かのじょ)(그녀)」는 3인칭 대명사이지만, 연인을 가리키는 말로 사용하는 경우가 많습니다. 즉, 「彼(かれ)」라고 하면 '남자 친구', 「彼女(かのじょ)」라고 하면 '여자 친구'로 이해되는 경우가 있으므로, '그, 그녀'라고 할 때는 일반적으로 성씨나 이름 뒤에 「さん」, 「ちゃん」, 「君(くん)」 또는 직함을 붙입니다.

상대방	연상	동갑·연하	
		별로 친하지 않은 상대	친한 상대
여성	성씨 + さん		이름 + ちゃん
남성			이름 + 君(くん)
선생님·교수님	성씨 + 先生(せんせい)		
상사	성씨 + 직함		

UNIT 03 これは ゆず茶です。

이것은 유자차입니다.

학습목표 지시대명사를 이용하여 주변 사물이나 그 사물을 소유한 사람에 대해 묻고 답할 수 있다.

● 첫인사를 나눈 후, 미사가 성호에게 교내를 안내하고 있습니다.

Track 03-01

미사씨, 이거 한국 선물이에요.

네? 뭐예요?

이것은 유자차입니다.

우와! 고마워요.

여기가 문과 대학이에요.

あの 建物は 何ですか。

도서관이에요.

바로바로 연습하는 문법 노트

grammar&practice

01 지시대명사

こ	そ	あ	ど
これ 이것	それ 그것	あれ 저것	どれ 어느 것
この 명사 이 명사	その 명사 그 명사	あの 명사 저 명사	どの 명사 어느 명사
ここ 여기	そこ 거기	あそこ 저기	どこ 어디

02 지시대명사 は 명사 です.   지시대명사 은/는 명사 입니다.

예) これは 木村(きむら)さんの 本(ほん)です.

あそこは 食堂(しょくどう)です.

その かばんは 鈴木(すずき)さんのです.

* 「の」는 '~의 것'으로 해석되는 경우가 있다.

단어

本(ほん) 책 | 食堂(しょくどう) 식당 | かばん 가방

바로바로 연습 (1)

<보기>와 같이 말해 봅시다.   Track 03-02

> 보기 それ / 鈴木さんの かばん
>
> <u>それ</u>は <u>鈴木さんの かばん</u>です。

① あれ / 佐藤さんの 時計   ② この 本 / 木村さんの
③ あの 時計 / 佐藤さんの   ④ あそこ / 事務室
⑤ 図書館 / そこ   ⑥ ここ / 학교 이름

---

03 지시대명사는 명사ですか。   지시대명사 은/는 명사 입니까?

예   これは 木村さんの 本ですか。
     食堂は あそこですか。
     その かばんは 鈴木さんのですか。

단어

時計 시계 | 事務室 사무실 | 図書館 도서관

04 지시대명사 は 何(なん)ですか。　　지시대명사 은/는 무엇입니까?

예　A：これは 何(なん)ですか。
　　B：それは 辞書(じしょ)です。

바로바로 연습 (2)

〈보기〉와 같이 말해 봅시다.　　　　　　　Track 03-03

보기　日本(にほん) / お菓子(かし)

　A：これは 何(なん)ですか。
　B：それは 日本(にほん)の お菓子(かし)です。

① 日本語(にほんご) / 本(ほん)　　　② 車(くるま) / かぎ
③ 中国(ちゅうごく) / お茶(ちゃ)　　④ 宮崎駿(みやざきはやお) / 映画(えいが)

단어

辞書(じしょ) 사전 | 日本(にほん) 일본 | お菓子(かし) 과자 | 車(くるま) 자동차 | かぎ 열쇠 | 中国(ちゅうごく) 중국
お茶(ちゃ) (마시는)차 | 宮崎駿(みやざきはやお) 미야자키 하야오(인명) | 映画(えいが) 영화

grammar&practice

✏️ 바로바로 연습 (3)

교실 안에 있는 물건 중 5개를 골라 일본어로 써 봅시다.

보기
A : これは 何(なん)ですか。
B : それは ペンです。

단어

ペン(ぺん) 펜

UNIT 03 これは ゆず茶です。

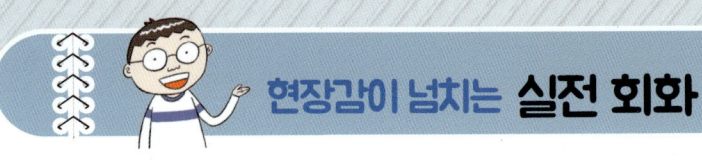

● 첫인사를 나눈 후, 미사가 성호에게 교내를 안내하고 있습니다.

ソンホ　美沙さん、これ、韓国の お土産です。

美沙　　え？ 何ですか。

ソンホ　これは ゆず茶です。

美沙　　わあ、ありがとうございます。

~문과 대학 건물 앞에서~

美沙　　ソンホ君、ここが(1) 文学部です。

ソンホ　あ、そうですか。あの 建物は 何ですか。

美沙　　図書館です。

POINT 포인트 (1) 「が」는 한국어의 '~이/가'에 해당되는 조사이다.

단어

韓国(かんこく) 한국 | お土産(みやげ) 선물 | え? 네? | ゆず茶(ちゃ) 유자차 | わあ 우와
ありがとうございます 감사합니다 | ~君(くん) ~군 | ~が ~이/가 | 文学部(ぶんがくぶ) 문과 대학
建物(たてもの) 건물

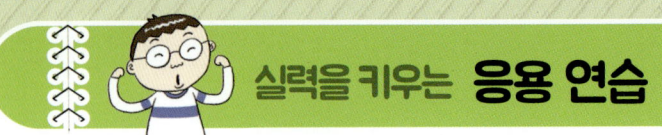

실력을 키우는 응용 연습

1. 보기와 같이 연습해 봅시다.

> 보기
> スマートフォン
> A：これは B(페어 친구 이름)さんの スマートフォンですか。
> B1：はい、そうです。
> B2：いいえ、私の スマートフォンじゃ ないです。

❶ かぎ　　　　　　　　　❷ かばん
❸ 傘　　　　　　　　　　❹ お菓子

2. 보기와 같이 연습해 봅시다.

> 보기 教科書(きょうかしょ)
>
> A : この 教科書(きょうかしょ)は B(페어 친구 이름)さんのですか。
>
> B1 : はい、そうです。
>
> B2 : いいえ、私(わたし)のじゃ ないです。

❶ CD ❷ 辞書(じしょ)
❸ ペン ❹ 財布(さいふ)

단어

スマートフォン 스마트폰 | 傘(かさ) 우산 | 教科書(きょうかしょ) 교과서 | 財布(さいふ) 지갑

자동판매기

일본의 거리를 걷다 보면 자동판매기가 많은 것을 알 수 있습니다. 그 수가 많은 만큼 한국에서는 보기 힘든 자동판매기도 많은데요. 일본 여행을 가면, 자동판매기에 눈을 돌려 보는 것도 재미있을 거예요.

빵 자판기

아이스크림 자판기

담배 자판기

컵라면 자판기

今 どこに いますか。

지금 어디에 있습니까?

학습목표 あります・います를 이용하여 사물이나 사람의 위치에 대해 묻거나 답할 수 있다.

● 성호가 미사와 통화 중에, 학교 내 은행 위치를 물어보고 있습니다.

바로바로 연습하는 문법 노트   grammar&practice

01 あります(사물, 식물) / います(사람, 동물)   있습니다

예 銀行が あります。
　　木村さんが います。
　　犬が います。

✏️ 바로바로 연습 (1)

다음 명사들을「あります」와「います」로 구별해 써 봅시다.

| 本　青田さん　犬　銀行　机　木村さん　猫　病院 |

<あります>　　　　　　　　<います>

단어

銀行 은행 | 犬 개 | 机 책상 | 猫 고양이 | 病院 병원

02 명사は ありますか。/ いますか。　　명사 은/는 있습니까?

　－ はい、あります。/ います。　　　네, 있습니다.
　－ いいえ、ありません。/ いません。　아니요, 없습니다.

예　A：銀行（ぎんこう）は ありますか。

　　B1：はい、あります。

　　B2：いいえ、ありません。

　　A：木村（きむら）さんは いますか。

　　B1：はい、います。

　　B2：いいえ、いません。

* 의문문에서는 「명사 は ありますか / いますか」가 자연스럽다.
　긍정문에서는 「명사 が あります / います」가 자연스럽다.

UNIT 04　今 どこに いますか。　**57**

🗣 바로바로 연습 (2)

그림을 보고 <보기>와 같이 말해 봅시다.   Track 04-02

보기 木村さん

A : 木村さんは いますか。

B : いいえ、いません。

① 美沙さん　② 郵便局　③ 犬
④ 病院　　　⑤ 猫　　　⑥ バス停

단어

郵便局 우체국 ｜ バス停 버스 정류장

grammar&practice

03 名詞は どこに ありますか。/ いますか。
명사 은/는 어디에 있습니까?

예 A : ミョンドンは どこに ありますか。
B : ソウルに あります。

A : 犬は どこに いますか。
B : 公園に います。

* 「に」는 장소를 나타내는 단어 뒤에 오며 한국어 '〜에'에 해당하는 조사이다.

단어

ミョンドン 명동 | ソウル 서울 | 公園 공원

바로바로 연습 (3)

<보기>와 같이 말해 봅시다.

> 보기 スカイツリー / 東京
>
> A : スカイツリーは どこに ありますか。
> B : 東京に あります。

① 富士山 / 静岡
② 道頓堀 / 大阪
③ ハウステンボス / 長崎
④ USJ / 大阪
⑤ 東京ディズニーランド / 千葉
⑥ 札幌 / 北海道

단어

スカイツリー 스카이 트리(도쿄에 있는 방송용 전파 탑) | 富士山 후지산
静岡 시즈오카(지명) | 道頓堀 도톤보리 | 大阪 오사카(지명)
ハウステンボス 하우스텐보스 | 長崎 나가사키(지명)
東京ディズニーランド 도쿄 디즈니랜드 | 千葉 지바(지명) | 札幌 삿포로(지명)
北海道 홋카이도(지명)

04 위치 명사

* 「となり」: 같은 종류 예) 사람+사람, 건물+건물
　「横」: 바로 옆, 가로
　「そば」: 근처, 곁

05 명사 の 위치 명사 に あります。／います。
명사 의 위치 명사 에 있습니다.

예 郵便局の 右に あります。
    美沙さんの となりに います。

바로바로 연습 (4)
그림을 보고 <보기>와 같이 말해 봅시다. Track 04-04

보기 犬は 机の 上に います。

①
②
③
④
⑤

바로바로 연습 (5)

그림을 보고 <보기>와 같이 말해 봅시다.

Track 04-05

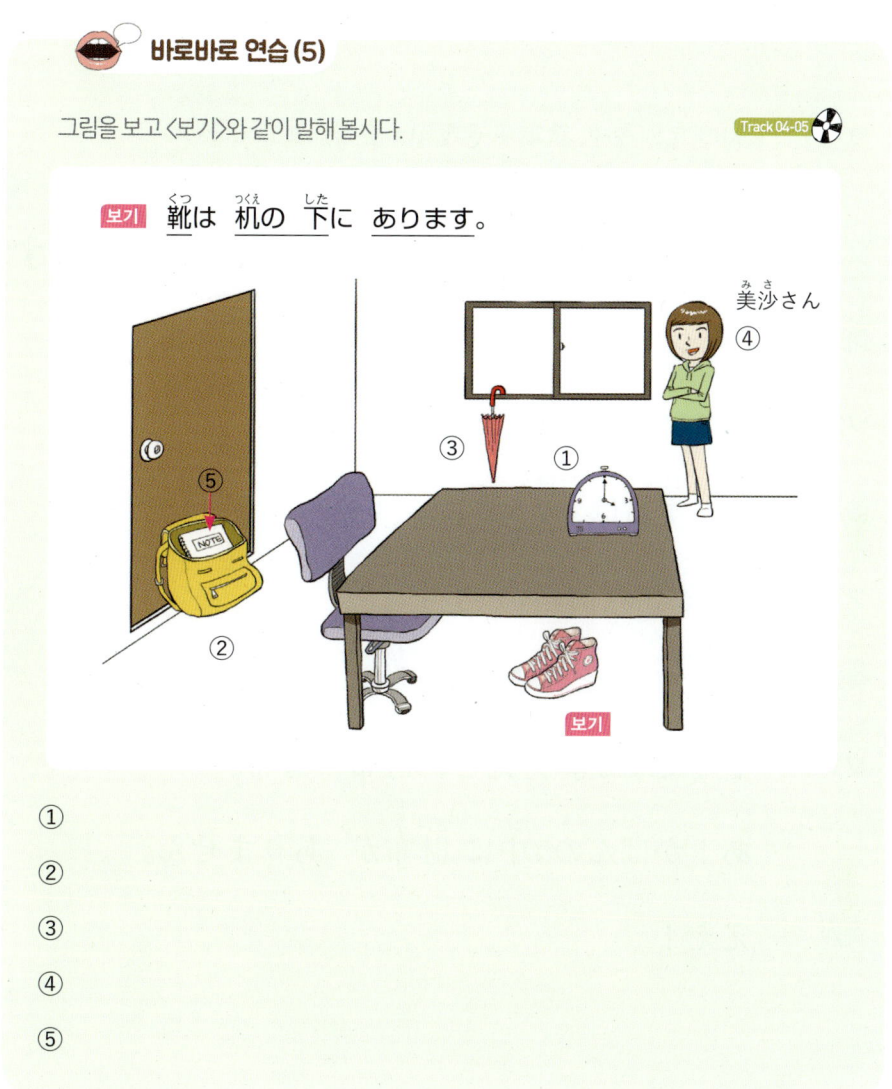

보기　靴は　机の　下に　あります。

①
②
③
④
⑤

단어

くつ 신발, 구두 ｜ まど 창문 ｜ ドア 문 ｜ ノート 노트

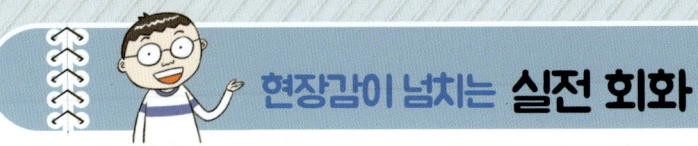

● 성호가 미사와 통화 중에, 학교 내 은행 위치를 물어보고 있습니다.

ソンホ　あの、美沙さん、大学の 中に 銀行は ありますか。

美沙　いいえ、ありません。ＡＴＭは ありますよ(1)。

ソンホ　どこに ありますか。

美沙　ソンホ君は 今 どこに いますか。

ソンホ　図書館の 前に います。

美沙　図書館の となりの 建物に ありますよ。

ソンホ　そうですか。ええと、財布、財布。

　　　　あ！かばんの 中に 財布が ありません。

美沙　ええ！

> **POINT 포인트**
> (1) 강조, 설명을 나타내는 조사 「よ」는 한국어의 '~요'에 해당한다.

단어

あの 저, 저기(말을 꺼낼 때 쓰는 말) | ATM 현금 자동 지급기 | ～よ ~요(강조, 설명)
今(いま) 지금 | ええと 어, 저기(말이 미처 생각나지 않아 생각할 때 쓰는 말)
ええ 앗, 어(놀랐을 때 나오는 소리)

실력을 키우는 응용 연습

〈보기〉와 같이 연습해 봅시다.

보기 美沙さん

A：美沙さんは どこに いますか。
B：田中さんの 右に いますよ。
　　松本さんの 上に いますよ。
　　中村さんの 左に いますよ。

❶ 中村さん　　　　A ＿＿＿＿＿＿＿＿＿＿＿は　どこに　いますか。
　　　　　　　　　B ＿＿＿＿＿＿＿＿＿＿＿＿＿＿＿＿＿＿＿＿。
　　　　　　　　　　＿＿＿＿＿＿＿＿＿＿＿＿＿＿＿＿＿＿＿＿。

❷ 松本さん　　　　A ＿＿＿＿＿＿＿＿＿＿＿は　どこに　いますか。
　　　　　　　　　B ＿＿＿＿＿＿＿＿＿＿＿＿＿＿＿＿＿＿＿＿。
　　　　　　　　　　＿＿＿＿＿＿＿＿＿＿＿＿＿＿＿＿＿＿＿＿。
　　　　　　　　　　＿＿＿＿＿＿＿＿＿＿＿＿＿＿＿＿＿＿＿＿。
　　　　　　　　　　＿＿＿＿＿＿＿＿＿＿＿＿＿＿＿＿＿＿＿＿。

❸ 木村さん　　　　A ＿＿＿＿＿＿＿＿＿＿＿は　どこに　いますか。
　　　　　　　　　B ＿＿＿＿＿＿＿＿＿＿＿＿＿＿＿＿＿＿＿＿。
　　　　　　　　　　＿＿＿＿＿＿＿＿＿＿＿＿＿＿＿＿＿＿＿＿。

❹ 吉田さん　　　　A ＿＿＿＿＿＿＿＿＿＿＿は　どこに　いますか。
　　　　　　　　　B ＿＿＿＿＿＿＿＿＿＿＿＿＿＿＿＿＿＿＿＿。
　　　　　　　　　　＿＿＿＿＿＿＿＿＿＿＿＿＿＿＿＿＿＿＿＿。
　　　　　　　　　　＿＿＿＿＿＿＿＿＿＿＿＿＿＿＿＿＿＿＿＿。

❺ 高橋さん　　　　A ＿＿＿＿＿＿＿＿＿＿＿は　どこに　いますか。
　　　　　　　　　B ＿＿＿＿＿＿＿＿＿＿＿＿＿＿＿＿＿＿＿＿。
　　　　　　　　　　＿＿＿＿＿＿＿＿＿＿＿＿＿＿＿＿＿＿＿＿。

❻ 鈴木さん　　　　A ＿＿＿＿＿＿＿＿＿＿＿は　どこに　いますか。
　　　　　　　　　B ＿＿＿＿＿＿＿＿＿＿＿＿＿＿＿＿＿＿＿＿。
　　　　　　　　　　＿＿＿＿＿＿＿＿＿＿＿＿＿＿＿＿＿＿＿＿。

오늘의 일본 문화

화장실

일본의 역이나 휴게소 화장실을 가 본 적이 있나요? 예전에는 '더럽다', '냄새 난다', '휴지가 없다' 등의 이유로 가능하면 이용하지 않으려는 사람이 많았습니다. 그러나 요즘은 깨끗하고 편리한 화장실이 늘고 있습니다.

🌼 오토히메(音姬)

화장실을 이용할 때 나는 소리가 밖으로 나가지 않도록 하기 위한 장치입니다. 버튼을 누르거나 센서 가까이에 손을 가져가면 물소리가 흘러나오기 때문에 다른 소리가 들리지 않게 됩니다. 일본에는 화장실 소리가 다른 사람에게 들리는 것이 싫어서 물을 내리는 사람이 종종 있는데, 물 절약을 유도하기 위해 오토히메가 설치되어 있습니다.

🌼 체인징 보드(チェンジングボード)

화장실에 설치하는 개폐식 탈의대로 어른과 아이 모두 사용할 수 있습니다.

🌼 휴지

일본에서는 일반적으로 사용한 휴지는 변기에 버립니다. 단, 변기에 버릴 수 있는 휴지는 화장실용 휴지뿐이므로 미용티슈나 물티슈 등은 변기에 버리지 않는 것이 좋습니다.

오토히메　　　　　체인징 보드　　　　　휴지

UNIT 05

電話番号は何番ですか。

전화번호는 몇 번입니까?

 숫자 0~10을 이용하여 전화번호 등 숫자에 대해 묻거나 답할 수 있다.

● 성호가 유학생 센터에 전화를 하려고 합니다.

바로바로 연습하는 문법 노트　　grammar&practice

01 숫자 (0~10)

0	ゼロ	1	いち	2	に
3	さん	4	よん・し	5	ご
6	ろく	7	なな・しち	8	はち
9	きゅう・く	10	じゅう		

02 전화번호

예　7　3　0　ー　5　3　9　1
　　なな　さん　ゼロ　の　ごー　さん　きゅう　いち
　　0　2　ー　6　8　4　5
　　ゼロ　にー　の　ろく　はち　よん　ごー

＊ 전화번호를 말할 때는 한 글자인 숫자도 박자를 늘려 두 글자처럼 발음한다.

바로바로 연습 (1)

다음 전화번호를 일본어로 써 봅시다.

① 010 – 1234 – 8765
 → _____

② 090 – 1719 – 2559
 → _____

③ 053 – 850 – 1204
 → _____

④ 080 – 4967 – 0915
 → _____

⑤ 02 – 573 – 0075
 → _____

---

03 명사는 何番 / 何号室ですか。
명사 은/는 몇 번/몇 호실입니까?

예) 木村さんの 電話番号は 何番ですか。
　　田中さんの 部屋は 何号室ですか。

단어

電話番号 전화번호 | 部屋 방

바로바로 연습 (2)

<보기>와 같이 말해 봅시다.

> 보기 だい がく
> **大学** / 02-876-5432
>
> A : 大学の 電話番号は 何番ですか。
> B : ぜろにの はちななろくの
>   ごよんさんにです。

①  山田さん / 010-1202-0778

②  佐藤さん / 010-0614-5456

③  松田さん / 090-4270-2014

④ 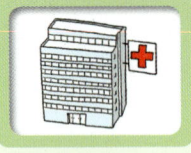 病院 / 053-857-9124

⑤  図書館 / 053-850-3489

grammar & practice

04 번호 ですね。　　　　번호 (이)군요. (확인)

예　A：留学生センターの　電話番号は　何番ですか。
　　B：０３-８５６-０４２７ですよ。
　　A：０３-８５６-０４２７ですね。

🗣 바로바로 연습 (3)

<보기>와 같이 말해 봅시다.　　　　Track 05-04

보기　木村さんの　部屋 / 619

　A：木村さんの 部屋は 何号室ですか。
　B：ろくいちきゅう号室です。
　A：ろくいちきゅう号室ですね。

* '육백십구호실'이라고 말할 수도 있지만, 그냥 숫자를 하나씩 말하는 것이 간단하다.
　방 번호를 말할 때도 한 글자인 숫자는 두 글자처럼 발음한다.

① 鈴木さんの　部屋 / 1205　　② 事務室 / 426
③ 講義室 / 598　　　　　　　　④ 先生の　研究室 / 2070

단어

留学生センター 유학생 센터 ｜ 講義室 강의실 ｜ 先生 선생님 ｜ 研究室 연구실

UNIT 05　電話番号は　何番ですか。

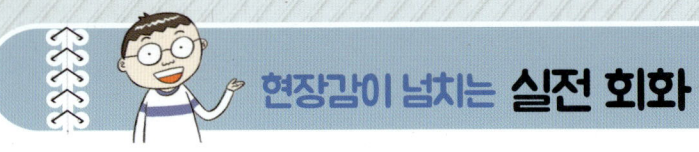

● 성호가 유학생 센터에 전화를 하려고 합니다.

職員 はい、江戸大学 学生課です。

ソンホ あれ？ 留学生センターじゃ ないですか。

職員 ここは 学生課ですよ。

ソンホ あ、そうですか。すみません。

~ 잠시 후 교실에서 ~

ソンホ あの、美沙さん。留学生センターの 電話番号は 何番ですか。
 ０３－５８６－０４２１じゃ ないですか。

美沙 ええと、０３－８５６－０４２７ですよ。

ソンホ あ、０３－８５６－０４２７ですね。

 ありがとうございます。

단어

職員 직원 | **学生課** 학생과 | **あれ？** 어라? | **すみません** 죄송합니다

UNIT 05 電話番号は 何番ですか。

실력을 키우는 응용 연습

1. 〈보기〉와 같이 친구의 전화번호를 물어봅시다.

> 보기
> A : 山田さんの 電話番号は 何番ですか。
> B : ぜろいちぜろの ななさんよんきゅうの いちはちななろくです。
> A : ぜろいちぜろの ななさんよんきゅうの いちはちななろくですね。
>   ありがとうございます。

보기 山田 さん   ☎ 010-7349-1876

___ さん   ☎ ___
___ さん   ☎ ___
___ さん   ☎ ___
___ さん   ☎ ___
___ さん   ☎ ___
___ さん   ☎ ___

2. 〈보기〉와 같이 말해 봅시다.

> 보기
> A：この 教室(きょうしつ)は 何号室(なんごうしつ)ですか。
> B：よんいちいち号室(ごうしつ)です。
> A：よんいちいち号室(ごうしつ)ですね。ありがとうございます。

보기　この 教室(きょうしつ)	411 号室(ごうしつ)
○○先生(せんせい)の 研究室(けんきゅうしつ)	
となりの 教室(きょうしつ)	
アパート	
寮(りょう)	
ワンルーム	

단어

教室(きょうしつ) 교실 ｜ アパート 아파트 ｜ 寮(りょう) 기숙사 ｜ ワンルーム 원룸

오늘의 일본 문화

승차 매너

일본에 가면 버스나 전철을 타고 이동하는 일도 많을 것입니다. 일본의 승차 매너를 확인해 둡시다.

🌸 역의 플랫폼이나 버스 정류장에서는…

① 줄을 서서 기다립니다. 새치기는 절대 안 됩니다.

② 전철이 오면 내리는 사람이 우선입니다. 문 좌우로 나뉘어 기다립니다.

③ 줄 선 순서대로 차량에 올라탑니다.

④ 버스가 주행 중일 때는 자리에서 일어나거나 걸어다니지 않도록 합니다.

🌸 전철 안에서는…

① 휴대 전화는 진동으로 바꾸거나 소리가 나지 않도록 설정합니다.

② 통화는 하지 않도록 합니다. 긴급한 통화는 작은 목소리로 간략히 끝낸 후 전철에서 내리면 다시 걸도록 합니다.

③ 심장박동기를 사용하는 사람에게 전자파로 인한 악영향을 주지 않기 위해 우선석(노약자석) 부근에서는 휴대 전화의 전원을 끕니다. (※ 임산부는 모성 마크 열쇠 고리를 달고 있어요.)

🌸 특별 차량에 주의! 여성 전용 차량

여성 전용 차량은 여성들만 타는 차량이므로 남자는 타면 안 됩니다. 전철 회사에 따라 하루 종일 운행하기도 하고 출퇴근 시간대에만 운행하는 경우도 있습니다.

휴대 전화는 OFF로

여성전용차량

UNIT 06 カタカナ
가타카나

🧩 **학습목표** 가타카나를 익힌다.

🔴 성호와 미사가 학교 앞에서 이야기하고 있습니다.   Track 06-01

오십음도 _ 히라가나와 가타카나

	ア단	イ단	ウ단	エ단	オ단
ア행	あ ア	い イ	う ウ	え エ	お オ
カ행	か カ	き キ	く ク	け ケ	こ コ
サ행	さ サ	し シ	す ス	せ セ	そ ソ
タ행	た タ	ち チ	つ ツ	て テ	と ト
ナ행	な ナ	に ニ	ぬ ヌ	ね ネ	の ノ
ハ행	は ハ	ひ ヒ	ふ フ	へ ヘ	ほ ホ
マ행	ま マ	み ミ	む ム	め メ	も モ
ヤ행	や ヤ		ゆ ユ		よ ヨ
ラ행	ら ラ	り リ	る ル	れ レ	ろ ロ
ワ행	わ ワ				を ヲ
	ん ン				

ガ행	が ガ	ぎ ギ	ぐ グ	げ ゲ	ご ゴ
ザ행	ざ ザ	じ ジ	ず ズ	ぜ ゼ	ぞ ゾ
ダ행	だ ダ	ぢ ヂ	づ ヅ	で デ	ど ド
バ행	ば バ	び ビ	ぶ ブ	べ ベ	ぼ ボ
パ행	ぱ パ	ぴ ピ	ぷ プ	ぺ ペ	ぽ ポ

ア단		ウ단		オ단	
きゃ	キャ	きゅ	キュ	きょ	キョ
しゃ	シャ	しゅ	シュ	しょ	ショ
ちゃ	チャ	ちゅ	チュ	ちょ	チョ
にゃ	ニャ	にゅ	ニュ	にょ	ニョ
ひゃ	ヒャ	ひゅ	ヒュ	ひょ	ヒョ
みゃ	ミャ	みゅ	ミュ	みょ	ミョ
りゃ	リャ	りゅ	リュ	りょ	リョ

ぎゃ	ギャ	ぎゅ	ギュ	ぎょ	ギョ
じゃ	ジャ	じゅ	ジュ	じょ	ジョ
ぢゃ	ヂャ	ぢゅ	ヂュ	ぢょ	ヂョ
びゃ	ビャ	びゅ	ビュ	びょ	ビョ
ぴゃ	ピャ	ぴゅ	ピュ	ぴょ	ピョ

바로바로 연습하는 문법 노트 grammar&practice

01 가타카나는 언제 쓸까?

가타카나는 외래어를 표기할 때 사용한다. 그 외에도 음을 표기할 때, 동·식물명을 표기할 때, 강조의 뜻을 나타낼 때에 사용하기도 한다.

예) テレビ　　ペン　　トマト　　キムチ
　　アメリカ　　イギリス　　コンコン

바로바로 연습 (1)

1. 다음 단어를 읽어 봅시다. Track 06-03
   ① スペイン　② テグ　③ プサン
   ④ ピカソ　⑤ トイレ　⑥ レストラン

2. 헷갈리기 쉬운 가타카나를 읽어 봅시다. Track 06-04
   ① フ ラ　② ク タ　③ ツ シ
   ④ ソ ン　⑤ ワ ク　⑥ チ テ

02 カタカナの 長音(ちょうおん) 가타카나의 장음

가타카나의 장음은 「ー」로 표기하고 앞 글자의 발음을 길게 한다.

예) ノート　　タクシー　　テーブル

03 カタカナの 拗音(ようおん) 가타카나의 요음

외래어의 요음에는 「ャ」「ュ」「ョ」 외에 「ァ」「ィ」「ェ」「ォ」를 사용해서 표기하는 것도 있다.

예 シャンプー　　メニュー　　　ファイト

カフェ　　　　ティッシュ

바로바로 연습 (2)

1. 다음 단어를 읽어 봅시다. *Track 06-05*
   ① シャンプー　② ソファー　③ ファッション
   ④ チョコレート　⑤ メニュー　⑥ フォーク

2. 다음 일본어를 듣고 알맞은 것에 ∨를 합시다. *Track 06-06*
   ① □ ボインツ　□ ポイント　□ ボイント　□ ポインツ
   ② □ ムード　　□ ブード　　□ ムドー　　□ ブドー
   ③ □ スポーツ　□ スポツ　　□ ヌポーツ　□ スポーツ
   ④ □ デジャート　□ デザート　□ デジャト　□ デザト
   ⑤ □ ダンス　　□ デンス　　□ ダンヌ　　□ デンヌ

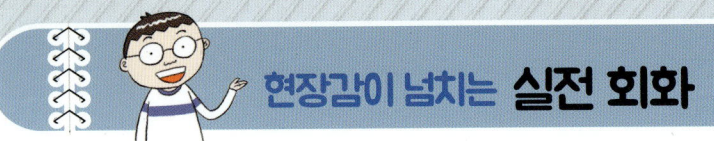

● 성호와 미사가 학교 앞에서 이야기하고 있습니다.

ソンホ　美沙さん、バスの 停留所は どこに ありますか。

美沙　バス停は、… あ、あそこの コンビニの 前に ありますよ。

ソンホ　え、何の 前ですか。

美沙　コンビニの 前。コンビニは、コンビニエンスストアの 略です。

ソンホ　あ、わかりました。あそこですね。

　　　　… バスの 停留所は バス停、コンビニエンスストアは コンビニ…。

美沙　ソンホ君、スマホは スマートフォンの 略、シャーペンは シャープペンシルの 略、パソコンは パーソナルコンピューターの 略ですよ。

ソンホ　じゃ、私は キムソン、キムソンホの 略です。

美沙　ええ！

단어

バス 버스 | 停留所(ていりゅうじょ) 정류장 | バス停(てい) 버스 정류장
コンビニ / コンビニエンスストア 편의점 | 略(りゃく) 준말 | わかりました 알겠습니다
スマホ / スマートフォン 스마트폰 | シャーペン / シャープペンシル 샤프 펜슬
パソコン / パーソナルコンピューター 개인용 컴퓨터 | じゃ 그럼

UNIT 06 カタカナ

실력을 키우는 응용 연습

다음 문장을 읽고 알맞은 알파벳을 골라 봅시다.

❶ 誰ですか。

　出身は　ソウルです。

　特技は　ピアノです。

　専攻は　スペイン語です。

a	b	c	d
チェさん	イさん	パクさん	ジョンさん
출신 : 서울	출신 : 서울	출신 : 부산	출신 : 부산
특기 : 플루트	특기 : 피아노	특기 : 피아노	특기 : 플루트
전공 : 산업디자인	전공 : 스페인어	전공 : 호텔관광	전공 : 러시아어

❷ ここは　どこですか。

　カフェラテが　あります。

　オレンジジュースや　シェイクも　あります。

　ステーキは　ありません。

a	b	c	d
図書館	レストラン	郵便局	コーヒーショップ

❸ どの 国ですか。

ヨーロッパに あります。

ドイツの となりに あります。

ナポレオンの 国です。

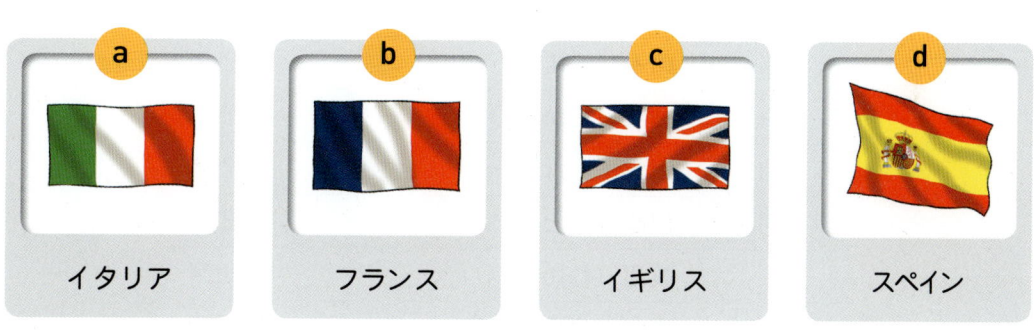

a	b	c	d
イタリア	フランス	イギリス	スペイン

단어

特技 특기 | ピアノ 피아노 | スペイン語 스페인어 | カフェラテ 카페라테
オレンジジュース 오렌지 주스 | ～や ~(이)랑 | シェイク 셰이크 | ～も ~도
ステーキ 스테이크 | コーヒーショップ 커피숍 | 国 나라 | ヨーロッパ 유럽
ドイツ 독일 | ナポレオン 나폴레옹 | イタリア 이탈리아 | フランス 프랑스
イギリス 영국 | スペイン 스페인

일본인의 성명

일본인의 성명은 한국인과 마찬가지로 성씨와 이름으로 되어 있습니다. 일본인의 성씨는 약 30만 종류나 된다고 합니다. 일본에서 가장 많은 성씨 1위~10위는 다음과 같습니다.

1위	佐藤（さとう）	205만 명
2위	鈴木（すずき）	179만 명
3위	高橋（たかはし）	149만 명
4위	田中（たなか）	137만 명
5위	伊藤（いとう）	113만 명
6위	渡辺（わたなべ）	112만 명
7위	山本（やまもと）	112만 명
8위	中村（なかむら）	109만 명
9위	小林（こばやし）	107만 명
10위	加藤（かとう）	89만 명

출처 : 苗字由来net

일본의 학교는 한 학급에 학생이 40명 정도 있는데 성씨가 같은 학생은 한 명 있을까 말까 합니다. 그래서 선생님은 학생을 「佐藤さん」, 「鈴木さん」처럼 성씨만으로 부르는 경우가 많습니다. 한국의 학교에선 있을 수 없는 일이겠죠.

UNIT 07

日本料理の 中で 何が 一番 好きですか。

일본 요리 중에서 무엇을 가장 좋아합니까?

학습목표 好きです・苦手です를 이용하여 좋아하는 것과 싫어하는 것에 대해 묻거나 답할 수 있다.

● 성호가 미사와 일본 음식에 관해서 이야기하고 있습니다. Track 07-01

바로바로 연습하는 문법 노트

grammar&practice

01 명사が 好きです。/ 苦手です。
명사 을/를 좋아합니다. / 잘 못합니다(싫어합니다).

예 私は すしが 好きです。(○)
　　私は すしを 好きです。(×)

바로바로 연습 (1)

〈보기〉와 같이 말해 봅시다.   Track 07-02

> 보기　スキー
> A：木村さんは スキーが 好きですか。
> B1：はい、好きです。
> B2：いいえ、苦手です。

① バドミントン
② バスケットボール
③ 野球
④ サッカー

단어

すし 초밥 ｜ スキー 스키 ｜ バドミントン 배드민턴 ｜ バスケットボール 농구
野球 야구 ｜ サッカー 축구

02 명사と 명사、どっちが 好きですか。/ 苦手ですか。

명사 와/과 명사, 어느 쪽을 좋아합니까? / 잘 못합니까(싫어합니까)?

명사の 方が 好きです。/ 苦手です。

명사 을/를 더 좋아합니다. / 잘 못합니다(싫어합니다).

「と」는 한국어의 '~와/과'에 해당하는 조사이다.

예 A : 日本語と 英語、どっちが 好きですか。
B : 日本語の 方が 好きです。

바로바로 연습 (2)

〈보기〉와 같이 말해 봅시다.

보기 日本語 / 英語
A : 日本語と 英語、どっちが 好きですか。
B : 日本語の 方が 好きです。

① 肉 / 野菜 ② ビール / 焼酎
③ チキン / ピザ ④ バス / 地下鉄

단어

英語 영어 | どっち 어느 쪽 | 肉 고기 | 野菜 채소 | ビール 맥주 | 焼酎 소주
チキン 치킨 | ピザ 피자 | 地下鉄 지하철

03 명사 の 中で、何が 一番 好きですか。/ 苦手ですか。
명사 중에서 무엇을 가장 좋아합니까? / 잘 못합니까(싫어합니까)?

명사 が 一番 好きです。/ 苦手です。
명사 을/를 가장 좋아합니다. / 잘 못합니다(싫어합니다).

「で」는 한국어의 '~에서'에 해당하는 조사이다.

예 A : 日本料理の 中で、何が 一番 好きですか。
　　B : すしが 一番 好きです。

바로바로 연습 (3)

<보기>와 같이 말해 봅시다.　　　　　　　　　　　Track 07-04

보기　日本料理
　　A : 日本料理の 中で、何が 一番 好きですか。
　　B : すしが 一番 好きです。

단어

日本料理 일본 요리 ｜ 一番 가장, 제일

grammar & practice

① **日本料理** (にほんりょうり)

すし 초밥	天ぷら 튀김
お好み焼き 오코노미야키	たこ焼き 다코야키
そば 메밀국수	

② **お酒** (さけ)

ビール 맥주	ワイン 와인
焼酎 소주	カクテル 칵테일
ウイスキー 위스키	

③ **スポーツ**

野球 야구	サッカー 축구
水泳 수영	マラソン 마라톤
バドミントン 배드민턴	

④ **果物** (くだもの)

りんご 사과	みかん 귤
すいか 수박	ぶどう 포도
バナナ 바나나	

⑤ **韓国料理** (かんこくりょうり)

キムチ 김치	チヂミ 부침개
トッポギ 떡볶이	チャプチェ 잡채
サムゲタン 삼계탕	

단어

お酒 술 | スポーツ 스포츠 | 果物 과일 | 韓国料理 한국 요리

UNIT 07 日本料理の 中で 何が 一番 好きですか。

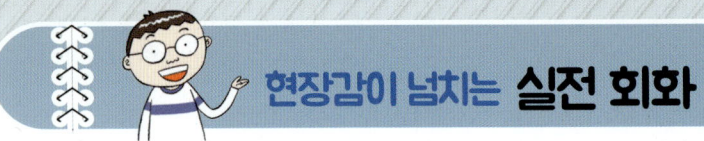

● 성호가 미사와 일본 음식에 관해서 이야기하고 있습니다.

美沙　　ソンホ君は お好み焼きが 好きですか。

ソンホ　はい、好きです。でも、マヨネーズが 苦手です。

美沙　　そうですか。
　　　　お好み焼きと たこ焼き、どっちが 好きですか。

ソンホ　たこ焼きの 方が 好きです。
　　　　美沙さんは？

美沙　　私は お好み焼きの 方が 好きです。
　　　　ソンホ君、日本料理の 中で、何が 一番 好きですか。

ソンホ　すしです。すしが 一番 好きです。

美沙　　やっぱり！！

단어

でも 하지만 | マヨネーズ 마요네즈 | やっぱり 역시

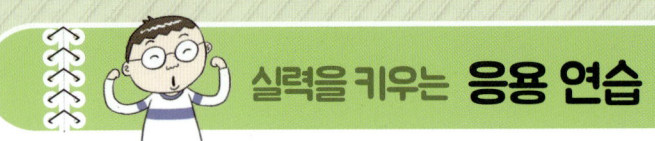
실력을 키우는 응용 연습

exercise

〈보기〉와 같이 연습해 봅시다.

보기 日本料理(にほんりょうり)

A : 鈴木(すずき)さんは 日本料理(にほんりょうり)が 好(す)きですか。
　　　　　　　　　　카테고리

↓ yes　　　　　　　　　　↓ no　　↑ 다른 카테고리로 바꾸고 다시 도전

B1 : はい、好(す)きです。　　　　B2 : いいえ、苦手(にがて)です。

A : 日本料理(にほんりょうり)の 中(なか)で、何(なに)が 一番(いちばん) 好(す)きですか。
　　카테고리
B1 : たこ焼(や)きが 一番(いちばん) 好(す)きです。

A : 日本料理(にほんりょうり)の 中(なか)で、何(なに)が 一番(いちばん) 苦手(にがて)ですか。
　　카테고리
B1 : すしが 一番(いちばん) 苦手(にがて)です。

A : 天(てん)ぷらと そば、どっちが 好(す)きですか。
B1 : 天(てん)ぷらの 方(ほう)が 好(す)きです。

① 日本料理(にほんりょうり)

すし 초밥　　　天(てん)ぷら 튀김　　　お好(この)み焼(や)き 오코노미야키
たこ焼(や)き 다코야키　　そば 메밀국수　　うどん 우동
ラーメン 라면　　牛丼(ぎゅうどん) 규동　　とんかつ 돈가스
カレー 카레　　すき焼(や)き 스키야키

② お酒(さけ)

ビール 맥주　　ワイン 와인　　カクテル 칵테일
ウイスキー 위스키　　日本酒(にほんしゅ) 일본주　　梅酒(うめしゅ) 매실주

③ スポーツ

野球(やきゅう) 야구　　サッカー 축구　　水泳(すいえい) 수영
マラソン 마라톤　　バドミントン 배드민턴
ゴルフ 골프　　テニス 테니스　　バスケットボール 농구
卓球(たっきゅう) 탁구　　バレーボール 배구

④ 果物(くだもの)

りんご 사과　　みかん 귤　　すいか 수박
ぶどう 포도　　バナナ 바나나　　いちご 딸기
メロン 멜론　　もも 복숭아　　パイナップル 파인애플

⑤ 韓国料理(かんこくりょうり)

キムチ 김치　　チヂミ 부침개　　キムチ鍋(なべ) 김치찌개
トッポギ 떡볶이　　チャプチェ 잡채　　ビビンバ 비빔밥
サムゲタン 삼계탕　　プルコギ 불고기　　冷(れい)めん 냉면

일본의 관광명소와 이벤트

아오모리
네부타 축제

삿포로
눈 축제

효고
히메지 성

기후
시라카와고

北海道 (ほっかいどう)
홋카이도

東北 (とうほく)
도호쿠

하코다테
야경

돗토리
돗토리 사구

中国 주고쿠

近畿 (きんき) 긴키

東海 (とうかい)
도카이

関東 (かんとう)
간토

도쿄
도쿄 스카이 트리

오이타
유후인 온천

四国 (こく) 시코쿠

九州 (きゅうしゅう)
규슈

가나가와
요코하마 중화가

沖縄 (おきなわ)
오키나와

도쿠시마
우즈시오

교토
기요미즈 사

시즈오카
후지산

오키나와
주라우미 수족관

98

UNIT 08
日本語の 先生は どんな 先生ですか。

일본어 선생님은 어떤 선생님입니까?

학습목표 な형용사를 이용하여 사람·사물·장소의 상태와 모양에 대해 말할 수 있다.

● 성호와 미사가 대학 카페에서 일본어 수업에 대해 이야기하고 있습니다.   Track 08-01

바로바로 연습하는 문법 노트   grammar&practice

01 な형용사 ~だ です.   な형용사 입니다.

기본형	정중형
~だ	~です
まじめだ	まじめです

예 私は まじめです。
　　　 夜は 静かです。

바로바로 연습 (1)

<보기>와 같이 말해 봅시다.   Track 08-02

보기	あの レストラン / きれいだ
	あの レストランは きれいです。

① 東京 / にぎやかだ　　② 地下鉄 / 便利だ
③ 図書館 / 静かだ　　　④ ホテル / きれいだ

단어

まじめだ 성실하다 | 夜 밤 | 静かだ 조용하다 | レストラン 레스토랑
きれいだ 예쁘다, 깨끗하다 | にぎやかだ 떠들썩하다, 번화하다 | 地下鉄 지하철
便利だ 편리하다 | ホテル 호텔

02 な形容사 ~だ じゃ ないです.　　　な형용사 지 않습니다.

기본형	정중형	부정형
~だ	~です	~じゃ ないです
まじめだ	まじめです	まじめじゃ ないです

예) 私は まじめじゃ ないです。
　　夜は 静かじゃ ないです。

바로바로 연습 (2)

<보기>와 같이 말해 봅시다.　　Track 08-03

> 보기) あの レストラン / きれいだ
> あの レストランは きれいじゃ ないです。

① 東京 / にぎやかだ　　② 地下鉄 / 便利だ
③ テスト / 簡単だ　　　④ 日本人 / 親切だ

단어

テスト 시험, 테스트 | 簡単だ 간단하다 | 日本人 일본인 | 親切だ 친절하다

03

な형용사 ~だ ですか。　　　　　　な형용사 입니까?
- はい、な형용사 ~だ です。　　　- 네, な형용사 입니다.
- いいえ、な형용사 ~だ じゃ ないです。
　　　　　　　　　　　　　　　　- 아니요, な형용사 지 않습니다.

정중형	의문문
~です	~ですか
きれいです	きれいですか

예　A : あの レストランは きれいですか。
　　B1 : はい、きれいです。
　　B2 : いいえ、きれいじゃ ないです。

바로바로 연습 (3)

<보기>와 같이 말해 봅시다.　　　　　　　　Track 08-04

> 보기　あの レストラン / きれいだ
> A : あの レストランは きれいですか。
> B1 : はい、きれいです。
> B2 : いいえ、きれいじゃ ないです。

① 図書館 / 静かだ　　　② ホテル / きれいだ
③ あの 学生 / まじめだ　　④ アルバイト / 楽だ

단어

アルバイト 아르바이트 ｜ 楽だ 편하다

grammar&practice

04 な형용사 ~だ で、な형용사 ~だ です。
な형용사 고/서, な형용사 입니다.

기본형	연결형
~だ	~で
きれいだ	きれいで

예
新幹線は 便利で、きれいです。
木村さんは 静かで、まじめです。

바로바로 연습 (4)

<보기>와 같이 말해 봅시다.   Track 08-05

보기 東京 / 安全だ / にぎやかだ
    東京は 安全で、にぎやかです。

① 新幹線 / 便利だ / きれいだ   ② 日本語 / 簡単だ / 便利だ
③ 彼氏 / まじめだ / すてきだ   ④ この 公園 / きれいだ / 静かだ

단어

新幹線 신칸센(JR의 주요 도시 간을 연결하는 고속 간선철도) | 安全だ 안전하다
彼氏 남자 친구 | すてきだ 멋지다

UNIT 08 日本語の 先生は どんな 先生ですか。 **103**

05 な형용사 ~~だ~~ な + 명사   な형용사 인 명사

기본형	명사 수식형
~だ	~な
有名(ゆうめい)だ	有名(ゆうめい)な
★同(おな)じだ	★同(おな)じ

예) ここは 有名(ゆうめい)な レストランです。
　　木村(きむら)さんは 静(しず)かで きれいな 人(ひと)です。
　　これと これは 同(おな)じ ブランドです。

단어

有名(ゆうめい)だ 유명하다 | 同(おな)じだ 같다 | 人(ひと) 사람 | ~と ~와/과 | ブランド 브랜드, 상표

바로바로 연습 (5)

〈보기〉와 같이 말해 봅시다.

> **보기** キムさん / 人 / 親切だ
>
> A : キムさんは どんな 人ですか。
>
> B : とても 親切な 人ですよ。

① 美沙さんの 彼氏 / 人 / まじめだ
② 大阪 / ところ / にぎやかだ
③ 日本語の 先生 / 先生 / きれいだ
④ あの ホテル / ホテル / 有名だ
⑤ ソウル / ところ / 便利だ

단어

どんな 어떤 | とても 매우 | ところ 곳

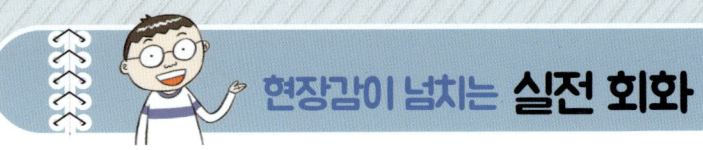

● 성호와 미사가 대학 카페에서 일본어 수업에 대해 이야기하고 있습니다.

美沙　　ソンホ君、日本語の 授業は 大変ですか。

ソンホ　いいえ、大変じゃ ないです。

　　　　でも、毎日 宿題が たくさん あります。

　　　　私、日本語が 下手ですから(1)、がんばります。

美沙　　まじめですね。日本語の 先生は どんな 先生ですか。

ソンホ　うーん、田中先生は 静かで まじめな 先生です。

　　　　それから、山本先生は とても きれいな 先生です。

　　　　私、山本先生の 授業が 大好きです！

美沙　　フフフ……。ソンホ君は きれいな 人が 好きなん(2)ですね。

POINT 포인트

(1) 원인, 이유를 나타내는 조사 「 종지형 ＋ から」는 한국어 '~하기 때문에', '~해서'에 해당된다.

(2) 「～ん」은 강조나 설명적 어투를 나타낼 때 들어가는 표현으로, な형용사에 접속될 때는 「 な형용사 ＋ だ なん」으로 연결된다.

단어

授業 수업 | 大変だ 큰일이다, 힘들다 | 毎日 매일 | 宿題 숙제 | たくさん 많이
下手だ 서투르다 | ～から ~때문에 | がんばります 열심히 하겠습니다 | うーん 음
それから 그리고 | 大好きだ 매우 좋아하다

UNIT 08 日本語の 先生は どんな 先生ですか。

실력을 키우는 응용 연습

다음 ❶~❻의 질문에 대해 답을 써 봅시다. 그리고 친구에게 질문하고 답을 써 봅시다.

❶ 日本の 食べ物の 中で、何が 一番 有名ですか。

❷ 韓国の 食べ物の 中で、何が 一番 有名ですか。

❸ 日本の 俳優の 中で、誰が 一番 有名ですか。

❹ 韓国の 女優の 中で、誰が 一番 きれいですか。

❺ 韓国の 歌手の 中で、誰が 一番 好きですか。

❻ ジブリ映画の 中で、何が 一番 好きですか。

私(わたし)	さん	さん
❶		
❷		
❸		
❹		
❺		
❻		

단어

食(た)べ物(もの) 음식 | **俳優(はいゆう)** (남자)배우 | **誰(だれ)** 누구 | **女優(じょゆう)** 여배우 | **歌手(かしゅ)** 가수
ジブリ映画(えいが) 지브리 만화영화

일본 3대 축제

일본은 유서 깊은 축제가 많이 내려오고 있습니다. 그 중에서 일본 3대 축제로 불리는 축제에 대해 소개하겠습니다.

🌼 祇園祭(京都) 기온 마쓰리(교토)

'기온 마쓰리'는 교토 야사카 신사(八坂神社)의 제례로 약 1,100년 전부터 내려오고 있는 역사 깊은 축제입니다. 매년 7월 1일부터 31일까지 열리는 교토의 여름 풍물입니다. 기온 마쓰리의 여러 행사 중에서 '야마보코(山鉾)'라는 화려한 수레를 끌며 행진하는 야마보코 행사는 2009년 유네스코 무형 문화 유산에 등록되었습니다.

🌼 天神祭(大阪) 덴진 마쓰리(오사카)

헤이안(平安) 시대 후기(951년)에 시작된 축제로 매년 6월 하순부터 7월 25일까지 열립니다. 특히 7월 25일에 열리는 '본궁의 밤(本宮の夜)' 행사는 큰 강에 많은 배가 오가고 시주 불꽃도 쏘아 올리는데, 이는 덴진 마쓰리 최대의 볼거리입니다.

🌼 神田祭(東京) 간다 마쓰리(도쿄)

도쿄에 있는 신사인 간다묘진(神田明神)에서 열리는 제례로 에도(江戶) 3대 축제 중 하나이기도 합니다. 2년에 한 번, 5월 중순에 열리는데 화려하고 고풍스러운 가마 행렬이 도쿄의 도심을 수놓습니다.

기온 마쓰리

덴진 마쓰리

간다 마쓰리

UNIT 09 プレゼントは 何^{なに}が いいですか。

선물은 무엇이 좋습니까?

 **학습목표** い형용사를 이용하여 사람·사물·장소의 상태와 모양에 대해 말할 수 있다.

● 성호가 어머니에게 보낼 선물을 사러 미사와 함께 백화점에 왔습니다.

바로바로 연습하는 문법 노트

grammar&practice

01 い形容詞(〜い) です.   　　い形容詞 입니다.

기본형	정중형
〜い	〜いです
おいしい	おいしいです
いい	いいです

예 チヂミは おいしいです。
　　美沙さんは 頭が いいです。

바로바로 연습 (1)

〈보기〉와 같이 말해 봅시다.

Track 09-02

보기　テグ / 暑い
　　　テグは 暑いです。

① ソウル / 寒い　　　　② あの 学生 / かわいい
③ 韓国人 / 背が 高い　　④ 韓国料理 / 高い

단어

おいしい 맛있다 | いい 좋다 | 頭が いい 머리가 좋다 | 暑い 덥다 | 寒い 춥다
かわいい 귀엽다 | 背が 高い 키가 크다 | 高い 높다, 비싸다

02 い형용사 ~~い~~ く ないです.   　い형용사 지 않습니다.

기본형	정중형	부정형
~い	~いです	~く ないです
おいしい	おいしいです	おいしく ないです
いい	いいです	★よく ないです

예 チヂミは おいしく ないです。
　　美沙さんは 頭が よく ないです。

바로바로 연습 (2)

<보기>와 같이 말해 봅시다.　　　　　　　　　　Track 09-03

보기　テグ / 暑い
　　　テグは 暑く ないです。

① ソウル / 寒い　　　　② あの 学生 / かわいい
③ 美沙さん / 頭が いい　④ ソンホ君 / 優しい

단어

優しい 자상하다, 상냥하다

03

い형용사 (~い) **ですか**。 　　　　　　 い형용사 **입니까?**
  - はい、い형용사 (~い) です。 　　 - 네, い형용사 입니다.
  - いいえ、い형용사 (~~~い~~) く ないです。
  　　　　　　　　　　　　　　　　 - 아니요, い형용사 지 않습니다.

예　A：夏は　暑いですか。
　　B1：はい、暑いです。
　　B2：いいえ、暑く　ないです。

바로바로 연습 (3)

〈보기〉와 같이 말해 봅시다.　　　　　　　　　　　 Track 09-04

보기　あの　レストラン / 高い
　　A：あの　レストランは　高いですか。
　　B1：はい、高いです。
　　B2：いいえ、高く　ないです。

① テスト / 難しい　　　　② 服 / 安い
③ 梅干し / おいしい　　　④ 新幹線 / 速い

단어

難しい 어렵다 ｜ 服 옷 ｜ 安い 싸다 ｜ 梅干し 매실 장아찌 ｜ 速い 빠르다

grammar&practice

04 い형용사(〜い) + 명사   　　　　　　　　　い형용사 **인** 명사

예　暑い 夏

　　おいしい すし

05 い형용사 (〜い̶) **くて**、い형용사 (〜い) **です。**
い형용사 **고/서**, い형용사 **입니다**.

기본형	연결형
〜い	〜くて
おいしい	おいしくて
暑い	暑くて
速い	速くて

예　新幹線は 速くて、かっこいいです。

　　トッポギは おいしくて、安いです。

단어

夏 여름 ｜ かっこいい 멋있다

바로바로 연습 (4)

〈보기〉와 같이 페어를 만들어 말해 봅시다.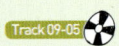

> 보기　人 / 髪が 長い / かわいい
>
> A : どんな 人ですか。
> B : 髪が 長くて、かわいい 人です。

①  人 / 目が 大きい / かわいい

②  車 / 安い / 小さい

③  人 / 足が 長い / スタイルが いい

④  お弁当 / 量が 多い / おいしい

단어

髪 머리카락 ｜ 長い 길다 ｜ 目 눈 ｜ 大きい 크다 ｜ 小さい 작다 ｜ 足 다리, 발
スタイル 스타일 ｜ お弁当 도시락 ｜ 量 양 ｜ 多い 많다

grammar&practice

06 명사 は どうですか。　　　　명사 은/는 어떻습니까?

예　A：日本語の 授業は どうですか。
　　B：スピードが 少し 速いです。

단어

スピード 스피드, 속도 ｜ 少し 조금

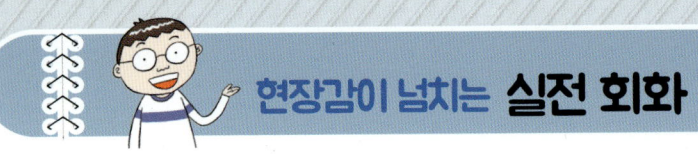

● 성호가 어머니에게 보낼 선물을 사러 미사와 함께 백화점에 왔습니다.

美沙　　ここが、東京で 一番 大きい デパートですよ。

ソンホ　へえ。広くて 新しいですね。

美沙　　プレゼントは 何が いいですか。

ソンホ　母は 着物が 好きです。

美沙　　着物ですか…。着物は ちょっと 高く ないですか。
　　　　浴衣は どうですか。

ソンホ　いいですね！ 浴衣の 方が 安いですか。

美沙　　はい。ソンホ君、着物コーナーは あそこです。

~기모노 판매 코너에서 유카타의 가격을 보며~

ソンホ　えっ！ 浴衣も 安く ないですね。

美沙　　そ、そ、そうですね…。

단어

デパート 백화점 | **へえ** 아, 아하(몰랐던 사실을 듣고 납득했을 때 내는 소리)
広い 넓다 | **新しい** 새롭다 | **プレゼント** 선물 | **母** 어머니
着物 기모노(일본 전통 옷) | **ちょっと** 조금
浴衣 유카타(주로 여름에 입는 일본 전통 옷) | **いいですね** 좋네요 | **コーナー** 코너

실력을 키우는 **응용 연습**

다음 형용사를 이용하여 〈보기〉와 같이 연습해 봅시다.

> **보기**
> A : どんな 人が タイプですか。
> B : <u>やさしくて きれいな</u> 人です。

- かわいい 귀엽다
- かっこいい 멋있다
- おもしろい 재미있다
- 優しい 상냥하다
- 頭が いい 머리가 좋다
- 背が 高い 키가 크다
- 目が 大きい 눈이 크다
- 足が 長い 다리가 길다
- きれいだ 예쁘다
- まじめだ 성실하다
- 静かだ 조용하다
- すてきだ 멋지다, 근사하다
- 日本語が 上手だ 일본어를 잘한다

	い형용사	な형용사
명사 수식형	～い + 명사	～だ な + 명사
연결형	～い + ～くて	～だ + ～で

이름	형용사
보기　B さん	優(やさ)しい、きれいだ
さん	
さん	
さん	
さん	
さん	

단어

タイプ 타입

일본의 행사와 기모노(着物<ruby>きもの</ruby>)

일본인은 언제 기모노를 입을까요? 최근에는 전통적인 행사나 결혼식 등 특별한 날에만 입는 경우가 많습니다.

🌼 **お宮参り** (みやまいり) 신사 참배

아기의 탄생을 축하하는 행사입니다. 아기가 생후 1개월쯤 되면 신사를 찾아가 아기의 건강과 장수를 기원합니다. 전통적으로는 친할머니가 아기를 안습니다.

🌼 **七五三** (しちごさん) 시치고산

아이가 무사히 성장한 것을 축하하는 행사입니다. 남자는 3세와 5세, 여자는 3세와 7세가 되는 해의 11월 15일에 신사 참배를 합니다.

🌼 **成人式** (せいじんしき) 성인식

매년 1월 두 번째 월요일은 '성년의 날'입니다. 이 날에는 일본의 지방공공단체 등이 성인식을 열어 그 해에 스무 살이 된 남녀를 축하합니다. 이 행사에 기모노를 입고 참석하기도 하고 양복을 입고 참석하는 사람도 많습니다.

🌼 **大学の 卒業式** (だいがくの そつぎょうしき) 대학 졸업식

대학 졸업식에는 기모노나 양복 차림으로 참석하는 경우가 많습니다.

🌼 **結婚式** (けっこんしき) 결혼식

일본의 결혼식은 결혼식과 피로연으로 나뉩니다. 결혼식에는 교회식(教会式), 신전식(神前式), 불전식(仏前式), 인전식(人前式)이 있습니다. 신전식에서는 기모노, 교회식과 인전식에서는 양장 차림으로 결혼식을 올립니다. 피로연에서는 본식에서 입지 않은 옷이나 드레스를 입기도 합니다.

🌼 **葬式** (そうしき) 장례식

장례식에서는 검은 색, 감색, 회색 옷을 입습니다. 기모노는 친척만 입을 수 있습니다.

いくらですか。
얼마입니까?

 숫자를 이용하여 가격에 대해 묻거나 답할 수 있다.

● 성호와 미사가 기모노 코너에서 계속해서 선물을 찾고 있습니다.

바로바로 연습하는 문법 노트 grammar&practice

01 숫자 (10~10,000)

	10	100	1,000	10,000
1	じゅう	ひゃく	せん	いちまん
2	にじゅう	にひゃく	にせん	にまん
3	さんじゅう	さんびゃく	さんぜん	さんまん
4	よんじゅう	よんひゃく	よんせん	よんまん
5	ごじゅう	ごひゃく	ごせん	ごまん
6	ろくじゅう	ろっぴゃく	ろくせん	ろくまん
7	ななじゅう	ななひゃく	ななせん	ななまん
8	はちじゅう	はっぴゃく	はっせん	はちまん
9	きゅうじゅう	きゅうひゃく	きゅうせん	きゅうまん

　　1円　　　　　　5円　　　　　　10円

　　50円　　　　　100円　　　　　500円

바로바로 연습 (1)

CD를 듣고 숫자를 써 봅시다.　　　　　　　　　　　　　　　Track 10-02

① _____　　⑤ _____
② _____　　⑥ _____
③ _____　　⑦ _____
④ _____　　⑧ _____

02 いくらですか。　얼마입니까?

예　A : これは いくらですか。
　　B : 400円です。

　　A : この かばんは いくらですか。
　　B : 15,000ウォンです。

단어

~円 ~엔(일본의 화폐 단위) | ~ウォン ~원(한국의 화폐 단위)

바로바로 연습 (2)

<보기>와 같이 페어를 만들어 말해 봅시다.   Track 10-03

> **보기** かばん / ￥3,500
>
> A：この　かばん は　いくらですか。
> B：3,500円です。

① てりやきバーガー / ￥220
② メロンパン / ￥140
③ コート / ￥8,800
④ 浴衣 / ￥19,600

---

03 명사 ください。　　　　명사 주세요.

예　それ　ください。
　　この　かばん　ください。

단어

てりやきバーガー 데리야키 버거 ｜ メロンパン 멜론빵 ｜ コート 코트

grammar&practice

 바로바로 연습 (3)

〈보기〉와 같이 말해 봅시다.   Track 10-04

> 보기 この パン / ￥220　　あの パン / ￥250
>
> A：<u>この</u> パンは いくらですか。
> B：<u>220</u>円です。
> A：<u>あの</u> パンは いくらですか。
> B：<u>250</u>円です。
> A：じゃあ、<u>この</u> パンを ください。

①  赤い カップ / ￥800　　青い カップ / ￥990

②  この 靴 / ￥7,800　　その 靴 / ￥9,500

③  Sサイズ / ￥400　　Mサイズ / ￥430

④  自由席 / ￥14,480　　指定席 / ￥15,310

> 단어
>
> パン 빵 ｜ 赤い 빨갛다 ｜ カップ 컵 ｜ 青い 파랗다 ｜ サイズ 사이즈
> 自由席 자유석 ｜ 指定席 지정석

UNIT 10 いくらですか。 **127**

04 물건 세기

하나	ひとつ	여섯	むっつ
둘	ふたつ	일곱	ななつ
셋	みっつ	여덟	やっつ
넷	よっつ	아홉	ここのつ
다섯	いつつ	열	とお

grammar & practice

바로바로 연습 (4)

그림을 보고 〈보기〉와 같이 말해 봅시다.

> 보기 チーズバーガー / ポテト / ￥800
>
> A : チーズバーガー　ふたつと
>   ポテト　ひとつ　ください。
> B : はい。全部(ぜんぶ)で　800円(えん)です。

* 수량 한정을 나타내는 조사「で」는 한국어로 '〜해서, 〜에'로 해석되거나 해석이 생략되기도 한다.

①  コーヒー / ケーキ / ￥1,200

②  いちごケーキ / チョコレートケーキ / ￥840

③  コーラ / オレンジジュース / ￥1,360

④  りんご / みかん / ￥1,500

단어

チーズバーガー 치즈 버거 | ポテト 감자(튀김) | 全部(ぜんぶ)で 전부 해서 | コーヒー 커피
ケーキ 케이크 | いちご 딸기 | チョコレート 초콜릿 | コーラ 콜라

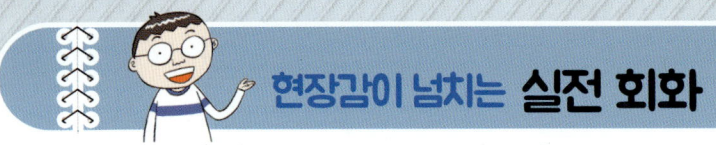

● 성호와 미사가 기모노 코너에서 계속해서 선물을 찾고 있습니다.

店員　いらっしゃいませ。

ソンホ　あの、すみません。
　　　　この お店で 一番 安い 浴衣は いくらですか。

店員　30,000円です。
　　　　帯は 10,000円、バッグは 8,000円、げたは 3,000円です。

美沙　わあ！ これ きれいですね！

店員　セットで、49,800円です。
　　　　こちらの 花柄の 浴衣も[1] すてきですよ。

ソンホ　……じゃ、この バッグと その げた ください。

美沙　え？ ソンホ君、浴衣は？

ソンホ　お金が ありません……。

POINT 포인트

(1) 「も」는 한국어의 '~도'에 해당하는 조사이다.

단어

店員(てんいん) 점원 | いらっしゃいませ 어서 오십시오
すみません 저기요, 실례합니다(가게 등에서 점원을 부를 때 쓰는 말) | お店(みせ) 가게
帯(おび) 오비(일본 전통 옷을 입을 때 쓰는 끈) | バッグ 백, 가방 | げた 게타(일본의 나막신)
わあ 우와 | セットで 세트로 | こちら 이쪽 | 花柄(はながら) 꽃무늬 | ~も ~도 | お金(かね) 돈

UNIT 10 いくらですか。

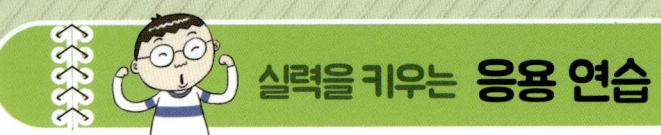

실력을 키우는 응용 연습

메뉴를 보고 〈보기〉와 같이 음식을 주문해 봅시다.

> 보기 손님 : すみません！
> 점원 : はい。ご注文ですか。
> 손님 : はい。えーと、トーストセット ふたつ ください。
> 점원 : はい、ありがとうございます。
> 　　　全部で 1,560円です。

Menu

コーヒー	¥350
ハーブティー	¥350
コーラ	¥350
オレンジジュース	¥350
トースト	¥450
トーストセット	¥780
ホットドッグ	¥500
ホットドッグセット	¥800
ミックスピザ	¥550
ミックスピザセット	¥850
ケーキ	¥480
ケーキセット	¥800

단어

ご注文(ちゅうもん)ですか 주문하시겠습니까 | トーストセット 토스트 세트
ハーブティー 허브티 | トースト 토스트 | ホットドッグ 핫도그
ミックスピザ 믹스 피자

오늘의 일본 문화

일본의 화폐

일본의 화폐에는 한국과 마찬가지로 지폐와 동전이 있습니다.

2천 엔권은 밀레니엄 시대 2000년을 기념하여 발행되었습니다. 그러나 ATM이나 자동판매기에서 사용할 수 없고, 천 엔권으로 잘못 생각하기 쉽다는 이유로 매장에서 사용되지 않게 되어, 현재는 유통되지 않는 환상의 지폐가 되어 버렸지요.

5엔짜리 동전과 50엔짜리 동전은 손으로 만졌을 때 쉽게 알 수 있도록 하기 위해 가운데에 구멍을 뚫었습니다. 이는 세계적으로도 보기 힘든 형태인데요. 덕분에 일본의 동전은 크기, 무게, 촉감 등을 통해 보지 않고도 몇 엔짜리 동전인지 알 수 있답니다. 여러분도 한번 도전해 보시겠어요?

문법 노트 예문 해석
실전 회화 해석
바로바로 연습 정답
주요 문법 정리

문법 노트
예문 해석

UNIT 02

01 저는 기무라입니다.
저는 19살입니다.
기무라 씨는 2학년입니다.

02 기무라 씨는 대학생입니까?
기무라 씨는 1학년입니까?
출신은 도쿄입니까?
전공은 일본어입니까?

03 A : 기무라 씨는 학생입니까?
B1 : 네, 그렇습니다.
B2 : 아니요, 학생이 아닙니다.

04 에도대학교 학생
일본어 전공 1학년

UNIT 03

02 이것은 기무라 씨의 책입니다.
저곳은 식당입니다.
그 가방은 스즈키 씨의 것입니다.

03 이것은 기무라 씨의 책입니까?
식당은 저곳입니까?
그 가방은 스즈키 씨의 것입니까?

04 A : 이것은 무엇입니까?
B : 그것은 사전입니다.

UNIT 04

01 은행이 있습니다.
기무라 씨가 있습니다.
개가 있습니다.

02 A : 은행은 있습니까?
B1 : 네, 있습니다.
B2 : 아니요, 없습니다.
A : 기무라 씨는 있습니까?
B1 : 네, 있습니다.
B2 : 아니요, 없습니다.

03 A : 명동은 어디에 있습니까?
B : 서울에 있습니다.
A : 개는 어디에 있습니까?
B : 공원에 있습니다.

05 우체국 오른쪽에 있습니다.
미사 씨 옆에 있습니다.

UNIT 05

03 기무라 씨의 전화번호는 몇 번입니까?
다나카 씨의 방은 몇 호실입니까?

04 A : 유학생 센터의 전화번호는 몇 번입니까?
B : 03-856-0427이에요.
A : 03-856-0427이군요.

UNIT 06

01 텔레비전, 펜, 토마토, 김치, 미국, 영국, 똑똑 (노크하는 소리)

02 노트, 택시, 테이블

03 샴푸, 메뉴, 파이팅, 카페, 티슈

UNIT 07

01 저는 초밥을 좋아합니다.

02 A : 일본어와 영어, 어느 쪽을 좋아합니까?
B : 일본어를 더 좋아합니다.

03 A : 일본 요리 중에서 무엇을 가장 좋아합니까?
B : 초밥을 가장 좋아합니다.

UNIT 08

01 저는 성실합니다.
밤은 조용합니다.

02 저는 성실하지 않습니다.
밤은 조용하지 않습니다.

03 A : 저 레스토랑은 깨끗합니까?
B1 : 네, 깨끗합니다.
B2 : 아니요, 깨끗하지 않습니다.

04 신칸센은 편리하고 깨끗합니다.
기무라 씨는 조용하고 성실합니다.

05 이곳은 유명한 레스토랑입니다.
기무라 씨는 조용하고 예쁜 사람입니다.
이것과 이것은 같은 브랜드입니다.

UNIT 09

01 부침개는 맛있습니다.
미사 씨는 머리가 좋습니다.

02 부침개는 맛있지 않습니다.
미사 씨는 머리가 좋지 않습니다.

03 A : 여름은 덥습니까?
B1 : 네, 덥습니다.
B2 : 아니요, 덥지 않습니다.

04 더운 여름
맛있는 초밥

05 신칸센은 빠르고 멋있습니다.
떡볶이는 맛있고 쌉니다.

06 A : 일본어 수업은 어떻습니까?
B : 속도가 조금 빠릅니다.

UNIT 10

02 A : 이것은 얼마입니까?
B : 400엔입니다.
A : 이 가방은 얼마입니까?
B : 15,000원입니다.

03 그거 주세요.
이 가방 주세요.

실전 회화 해석

UNIT 02

● 성호와 미사가 강의실에서 첫인사를 나누고 있습니다.

성호 처음 뵙겠습니다. 김성호입니다.
미사 유학생 도우미인 아오타 미사입니다.
　　 처음 뵙겠습니다.
　　 전공은 일본어입니까?
성호 네, 그렇습니다.
미사 4학년입니까?
성호 아니요, 4학년이 아닙니다. 3학년입니다.
　　 부디 잘 부탁드립니다.
미사 저야말로 잘 부탁드립니다.

UNIT 03

● 첫인사를 나눈 후, 미사가 성호에게 교내를 안내하고 있습니다.

성호 미사 씨, 이거 한국 선물입니다.
미사 네? 무엇입니까?
성호 이것은 유자차입니다.
미사 우와, 감사합니다.

~ 문과 대학 건물 앞에서 ~

미사 성호 군, 여기가 문과 대학입니다.
성호 아, 그렇습니까? 저 건물은 무엇입니까?
미사 도서관입니다.

UNIT 04

● 성호가 미사와 통화 중에, 학교 내 은행 위치를 물어보고 있습니다.

성호 저, 미사 씨, 대학 안에 은행은 있습니까?
미사 아니요, 없습니다. ATM은 있어요.
성호 어디에 있습니까?
미사 성호 군은 지금 어디에 있습니까?
성호 도서관 앞에 있습니다.
미사 도서관 옆 건물에 있어요.
성호 그렇습니까? 어, 지갑, 지갑.
 아! 가방 안에 지갑이 없습니다.
미사 앗!

UNIT 05

● 성호가 유학생 센터에 전화를 하려고 합니다.

직원 네, 에도대학교 학생과입니다.
성호 어라? 유학생 센터 아닙니까?
여성 여기는 학생과예요.
성호 아, 그렇습니까? 죄송합니다.

~ 잠시 후 교실에서 ~

성호 저, 미사 씨. 유학생 센터 전화번호는 몇 번입니까?
 03-586-0421이 아닙니까?
미사 어, 03-856-0427이에요.
성호 아, 03-856-0427이군요.
 감사합니다.

UNIT 06

● 성호와 미사가 학교 앞에서 이야기하고 있습니다.

성호 미사 씨, 버스 정류장은 어디에 있습니까?
미사 버스 정류장은, …아, 저쪽의 コンビニ(편의점) 앞에 있어요.
성호 네? 어디 앞이요?
미사 편의점 앞이요, コンビニ는 컨비니언스 스토어의 준말입니다.
성호 아, 알겠습니다. 저쪽이군요.
    …버스 정류장은 バス停, 편의점은 コンビニ…
미사 성호 군, スマホ는 스마트폰의 준말,
    シャーペン은 샤프 펜슬의 준말, パソコン은
    개인용 컴퓨터의 준말이에요.
성호 그럼, 저는 キムソン, 김성호의 준말입니다.
미사 앗!

UNIT 07

● 성호가 미사와 일본 음식에 관해서 이야기하고 있습니다.

미사 성호 군은 오코노미야키를 좋아합니까?
성호 네, 좋아합니다. 하지만 마요네즈를 싫어합니다.
미사 그렇습니까?
    오코노미야키와 다코야키, 어느 쪽을 좋아합니까?
성호 다코야키를 더 좋아합니다.
    미사 씨는요?
미사 저는 오코노미야키를 더 좋아합니다.
    성호 군, 일본 요리 중에서 무엇을 가장 좋아합니까?
성호 초밥입니다. 초밥을 가장 좋아해요.
미사 역시!!

UNIT 08

● 성호와 미사가 대학 카페에서 일본어 수업에 대해 이야기하고 있습니다.

미사　성호 군, 일본어 수업은 힘듭니까?
성호　아니요, 힘들지 않습니다.
　　　하지만, 매일 숙제가 많이 있습니다.
　　　저는 일본어가 서투르기 때문에 열심히 하겠습니다.
미사　성실하네요. 일본어 선생님은 어떤 선생님입니까?
성호　음, 다나카 선생님은 조용하고 성실한 선생님이에요.
　　　그리고 야마모토 선생님은 매우 예쁜 선생님입니다.
　　　저는 야마모토 선생님 수업을 매우 좋아해요!
미사　하하하. 성호 군은 예쁜 사람을 좋아하는군요.

UNIT 09

● 성호가 어머니에게 보낼 선물을 사러 미사와 함께 백화점에 왔습니다.

미사　여기가 도쿄에서 가장 큰 백화점이에요.
성호　아. 넓고 새롭네요.
미사　선물은 뭐가 좋습니까?
성호　어머니는 기모노를 좋아하세요.
미사　기모노요…? 기모노는 조금 비싸지 않을까요?
　　　유카타는 어떻습니까?
성호　좋네요! 유카타가 더 쌉니까?
미사　네. 성호 군, 기모노 코너는 저곳입니다.

~ 기모노 판매 코너에서 유카타의 가격을 보며 ~

성호　헉! 유카타도 싸지 않군요!
미사　그, 그, 그러네요….

UNIT 10

● 성호와 미사가 기모노 코너에서 계속해서 선물을 찾고 있습니다.

점원　어서 오십시오.
성호　저, 실례합니다.
　　　이 가게에서 제일 싼 유카타는 얼마입니까?
점원　30,000엔입니다.
　　　오비는 10,000엔, 가방은 8,000엔, 게타는 3,000엔입니다.
미사　와아! 이거 예쁘네요!
점원　세트로 49,800엔입니다.
　　　이쪽의 꽃무늬 유카타도 멋있어요.
성호　……그럼, 이 가방과 그 게타 주세요.
미사　어? 성호 군, 유카타는요?
성호　돈이 없습니다….

바로바로 연습 정답

UNIT 01

바로바로 연습
① おおい
② ちゅうもん
③ びょういん
④ だいがく
⑤ けっせき

UNIT 02

바로바로 연습 (1)
① 私は (자기 이름) です。
② 木村さんは 19歳です。
③ 私は 大学生です。
④ 鈴木さんは 1年生です。

바로바로 연습 (2)
① A : 鈴木さんは、22歳ですか。
　B1 : はい、そうです。
　B2 : いいえ、22歳じゃ ないです。
② A : 木村さんは、大学生ですか。
　B1 : はい、そうです。
　B2 : いいえ、大学生じゃ ないです。
③ A : 出身は、東京ですか。
　B1 : はい、そうです。
　B2 : いいえ、東京じゃ ないです。
④ A : 専攻は、日本語ですか。
　B1 : はい、そうです。
　B2 : いいえ、日本語じゃ ないです。

UNIT 03

바로바로 연습 (1)
① あれは 佐藤さんの 時計です。
② この 本は 木村さんのです。
③ あの 時計は 佐藤さんのです。
④ あそこは 事務室です。
⑤ 図書館は そこです。
⑥ ここは (학교 이름) です。

바로바로 연습 (2)
① A : これは 何ですか。
　B : それは 日本語の 本です。
② A : これは 何ですか。
　B : それは 車の かぎです。
③ A : これは 何ですか。
　B : それは 中国の お茶です。
④ A : これは 何ですか。
　B : それは 宮崎駿の 映画です。

UNIT 04

바로바로 연습 (1)

<あります>
本、銀行、机、病院
<います>
青田さん、犬、木村さん、猫

바로바로 연습 (2)

① A : 美沙さんは いますか。
　B : はい、います。
② A : 郵便局は ありますか。
　B : はい、あります。
③ A : 犬は いますか。
　B : はい、います。
④ A : 病院は ありますか。
　B : はい、あります。
⑤ A : 猫は いますか。
　B : いいえ、いません。
⑥ A : バス停は ありますか。
　B : はい、あります。

바로바로 연습 (3)

① A : 富士山は どこに ありますか。
　B : 静岡に あります。
② A : 道頓堀は どこに ありますか。
　B : 大阪に あります。
③ A : ハウステンボスは どこに ありますか。
　B : 長崎に あります。
④ A : USJは どこに ありますか。
　B : 大阪に あります。
⑤ A : 東京ディズニーランドは どこに ありますか。
　B : 千葉に あります。
⑥ A : 札幌は どこに ありますか。
　B : 北海道に あります。

바로바로 연습 (4)

① 犬は 机の 右に います。
② 犬は 机の 下に います。
③ 犬は 机の 左に います。
④ 犬は 机の 後ろに います。
⑤ 犬は 犬の 隣に います。

바로바로 연습 (5)

① 時計は 机の 上に あります。
② かばんは ドアの 前に あります。
③ かさは 窓の そば(下)に あります。
④ 美沙さんは 窓の 横(右)に います。
⑤ ノートは かばんの 中に あります。

UNIT 05

바로바로 연습 (1)

① ぜろ いち ぜろ (の) いち に さん よん (の) はち なな ろく ご
② ぜろ きゅう ぜろ (の) いち なな いち きゅう (の) に ご ご きゅう
③ ぜろ ご さん (の) はち ご ぜろ (の) いち に ぜろ よん
④ ぜろ はち ぜろ (の) よん きゅう ろく なな (の) ぜろ きゅう いち ご
⑤ ぜろ に (の) ご なな さん (の) ぜろ ぜろ なな ご

바로바로 연습 (2)

① A : 山田さんの 電話番号は 何番ですか。
　B : ぜろ いち ぜろ (の) いち に ぜろ に (の) ぜろ なな なな はちです。
② A : 佐藤さんの 電話番号は 何番ですか。
　B : ぜろ いち ぜろ (の) ぜろ ろく いち

よん (の) ご よん ご ろく です。
③ A：松田さんの 電話番号は 何番ですか。
B：ぜろ きゅう ぜろ (の) よん に なな ぜろ (の) に ぜろ いち よんです。
④ A：病院の 電話番号は 何番ですか。
B：ぜろ ご さん (の) はち ご なな (の) きゅう いち に よんです。
⑤ A：図書館の 電話番号は 何番ですか。
B：ぜろ ご さん (の) はち ご ぜろ (の) さん よん はち きゅうです。

바로바로 연습 (3)
① A：鈴木さんの 部屋は 何号室ですか。
B：いち に ぜろ ご号室です。
A：いち に ぜろ ご号室ですね。
② A：事務室は 何号室ですか。
B：よん に ろく号室です。
A：よん に ろく号室ですね。
③ A：講義室は 何号室ですか。
B：ご きゅう はち号室です。
A：ご きゅう はち号室ですね。
④ A：先生の 研究室は 何号室ですか。
B：に ぜろ なな ぜろ号室です。
A：に ぜろ なな ぜろ号室ですね。

UNIT 06

바로바로 연습 (2)-2
① ポイント　② ムード
③ スポーツ　④ デザート
⑤ ダンス

UNIT 07

바로바로 연습 (1)
① A：(페어 이름)さんは バドミントンが 好きですか。
B1：はい、好きです
B2：いいえ、苦手です。
② A：(페어 이름)さんは バスケットボールが 好きですか。
B1：はい、好きです。
B2：いいえ、苦手です。
③ A：(페어 이름)さんは 野球が 好きですか。
B1：はい、好きです。
B2：いいえ、苦手です。
④ A：(페어 이름)さんは サッカーが 好きですか。
B1：はい、好きです。
B2：いいえ、苦手です。

바로바로 연습 (2)
① A：肉と 野菜、どっちが 好きですか。
B：肉/野菜の 方が 好きです。
② A：ビールと 焼酎、どっちが 好きですか。
B：ビール/焼酎の 方が 好きです。
③ A：チキンと ピザ、どっちが 好きですか。
B：チキン/ピザの 方が 好きです。
④ A：バスと 地下鉄、どっちが 好きですか。
B：バス/地下鉄の 方が 好きです。

바로바로 연습 (3)
① A：日本料理の 中で、何が 一番 好きですか。

B : すし/天ぷら/お好み焼き/たこ焼き/そばが 一番 好きです。
② A : お酒の 中で、何が 一番 好きですか。
B : ビール/ワイン/焼酎/カクテル/ウイスキーが 一番 好きです。
③ A : スポーツの 中で、何が 一番 好きですか。
B : 野球/サッカー/水泳/マラソン/バドミントンが 一番 好きです。
④ A : 果物の 中で、何が 一番 好きですか。
B : りんご/みかん/すいか/ぶどう/バナナが 一番 好きです。
⑤ A : 韓国料理の 中で、何が 一番 好きですか。
B : キムチ/チヂミ/トッポギ/チャプチェ/サムゲタンが 一番 好きです。

UNIT 08

 바로바로 연습 (1)
① 東京は にぎやかです。
② 地下鉄は 便利です。
③ 図書館は 静かです。
④ ホテルは きれいです。

바로바로 연습 (2)
① 東京は にぎやかじゃ ないです。
② 地下鉄は 便利じゃ ないです。
③ テストは 簡単じゃ ないです。
④ 日本人は 親切じゃ ないです。

바로바로 연습 (3)
① A : 図書館は 静かですか。
B1 : はい、静かです。
B2 : いいえ、静かじゃ ないです。
② A : ホテルは きれいですか。
B1 : はい、きれいです。
B2 : いいえ、きれいじゃ ないです。
③ A : あの 学生は まじめですか。
B1 : はい、まじめです。
B2 : いいえ、まじめじゃ ないです。
④ A : アルバイトは 楽ですか。
B1 : はい、楽です。
B2 : いいえ、楽じゃ ないです。

바로바로 연습 (4)
① 新幹線は 便利で、きれいです。
② 日本語は 簡単で、便利です。
③ 彼氏は まじめで、すてきです。
④ この 公園は きれいで、静かです。

바로바로 연습 (5)
① A : 美沙さんの 彼氏は どんな 人ですか。
B : とても まじめな 人ですよ。
② A : 大阪は どんな ところですか。
B : とても にぎやかな ところですよ。
③ A : 日本語の 先生は どんな 先生ですか。
B : とても きれいな 先生ですよ。
④ A : あの ホテルは どんな ホテルですか。
B : とても 有名な ホテルですよ。
⑤ A : ソウルは どんな ところですか。
B : とても 便利な ところですよ。

UNIT 09

바로바로 연습 (1)
① ソウルは 寒いです。
② あの 学生は かわいいです。
③ 韓国人は 背が 高いです。
④ 韓国料理は 高いです。

바로바로 연습 (2)
① ソウルは 寒く ないです。
② あの 学生は かわいく ないです。
③ 美沙さんは 頭が よく ないです。
④ ソンホ君は 優しく ないです。

바로바로 연습 (3)
① A：テストは 難しいですか。
　B１：はい、難しいです。
　B２：いいえ、難しく ないです。
② A：服は 安いですか。
　B１：はい、安いです。
　B２：いいえ、安く ないです。
③ A：梅干しは おいしいですか。
　B１：はい、おいしいです。
　B２：いいえ、おいしく ないです。
④ A：新幹線は 速いですか。
　B１：はい、速いです。
　B２：いいえ、速く ないです。

바로바로 연습 (4)
① A：どんな 人ですか。
　B：目が 大きくて、かわいい 人です。
② A：どんな 車ですか。
　B：安くて、小さい 車です。
③ A：どんな 人ですか。
　B：足が 長くて、スタイルが いい 人です。
④ A：どんな お弁当ですか。
　B：量が 多くて、おいしい お弁当です。

UNIT 10

바로바로 연습 (1)
① 1,000　② 8,000
③ 3,300　④ 680
⑤ 720　⑥ 990
⑦ 5,160　⑧ 11,100

바로바로 연습 (2)
① A：この てりやきバーガーは いくらですか。
　B：220円です。
② A：この メロンパンは いくらですか。
　B：140円です。
③ A：この コートは いくらですか。
　B：8,800円です。
④ A：この 浴衣は いくらですか。
　B：19,600円です。

바로바로 연습 (3)
① A：赤い カップは いくらですか。
　B：800円です。
　A：青い カップは いくらですか。
　B：990円です。

A：じゃあ、赤い カップ/青い カップを
　　　　ください。
② A：この 靴は いくらですか。
　　B：7,800円です。
　　A：その 靴は いくらですか。
　　B：9,500円です。
　　A：じゃあ、この 靴/その 靴を ください。
③ A：Sサイズは いくらですか。
　　B：400円です。
　　A：Mサイズは いくらですか。
　　B：430円です。
　　A：じゃあ、Sサイズ/Mサイズを ください。
④ A：自由席は いくらですか。
　　B：14,480円です。
　　A：指定席は いくらですか。
　　B：15,310円です。
　　A：じゃあ、自由席/指定席を ください。

바로바로 연습 (4)

① A：コーヒー ふたつと ケーキ ひとつ
　　　ください。
　　B：はい、全部で 1,200円です。
② A：いちごケーキ ひとつと チョコレー
　　　トケーキ ひとつ ください。
　　B：はい、全部で 840円です。
③ A：コーラ いつつと オレンジジュース
　　　みっつ ください。
　　B：はい、全部で 1,360円です。
④ A：りんご むっつと みかん よっつ くだ
　　　さい。
　　B：はい、全部で 1,500円です。

주요 문법 정리

〈명사, な형용사, い형용사 활용표〉

	명사	な형용사	い형용사
기본형	学生(がくせい)	まじめだ	大(おお)きい
정중형	学生です	まじめです	大きいです
의문문	学生ですか	まじめですか	大きいですか
부정형	学生じゃ ないです	まじめじゃ ないです	大きく ないです
명사 수식형	学生の かばん	まじめな 人(ひと)	大きい かばん
연결형	学生で	まじめで	大きくて

동양북스 채널에서 더 많은 도서 더 많은 이야기를 만나보세요!

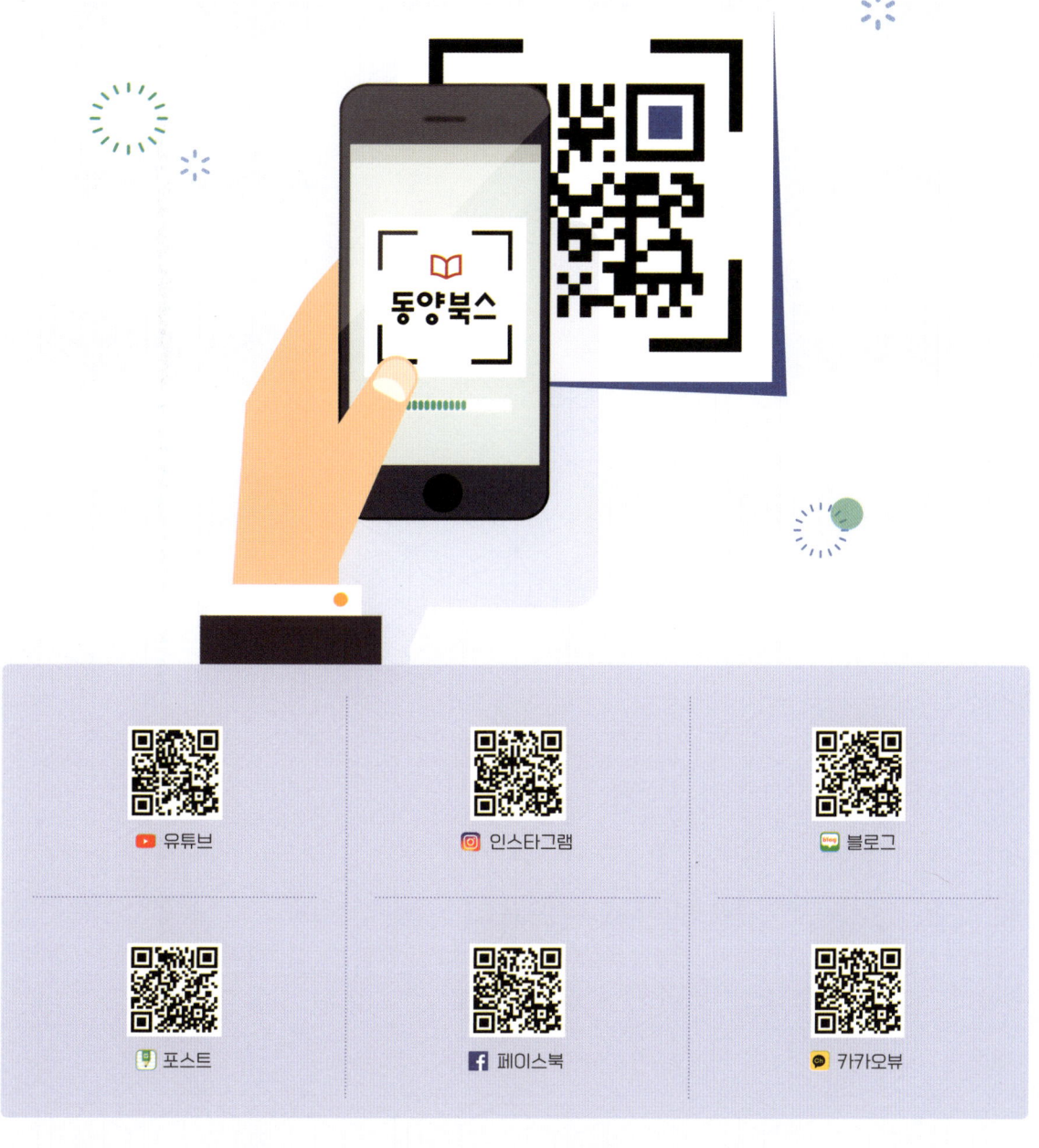

외국어 출판 45년의 신뢰
외국어 전문 출판 그룹
동양북스가 만드는 책은 다릅니다.

45년의 쉼 없는 노력과 도전으로 책 만들기에 최선을 다해온
동양북스는 오늘도 미래의 가치에 투자하고 있습니다.
대한민국의 내일을 생각하는 도전 정신과 믿음으로 최선을 다하겠습니다.

동양북스

일본어뱅크

차근차근
써 보는

착착
일본어
펜맨십

동양북스

일본어뱅크

차근차근
써 보는

착착
일본어 펜맨십

동양books

히라가나 청음

あ		一	十	あ	あ	あ	あ	あ
아[a]								

い		し	い	い	い	い	い	い
이[i]								

う		`	う	う	う	う	う	う
우[u]								

え		`	え	え	え	え	え	え
에[e]								

お		`	お	お	お	お	お	お
오[o]								

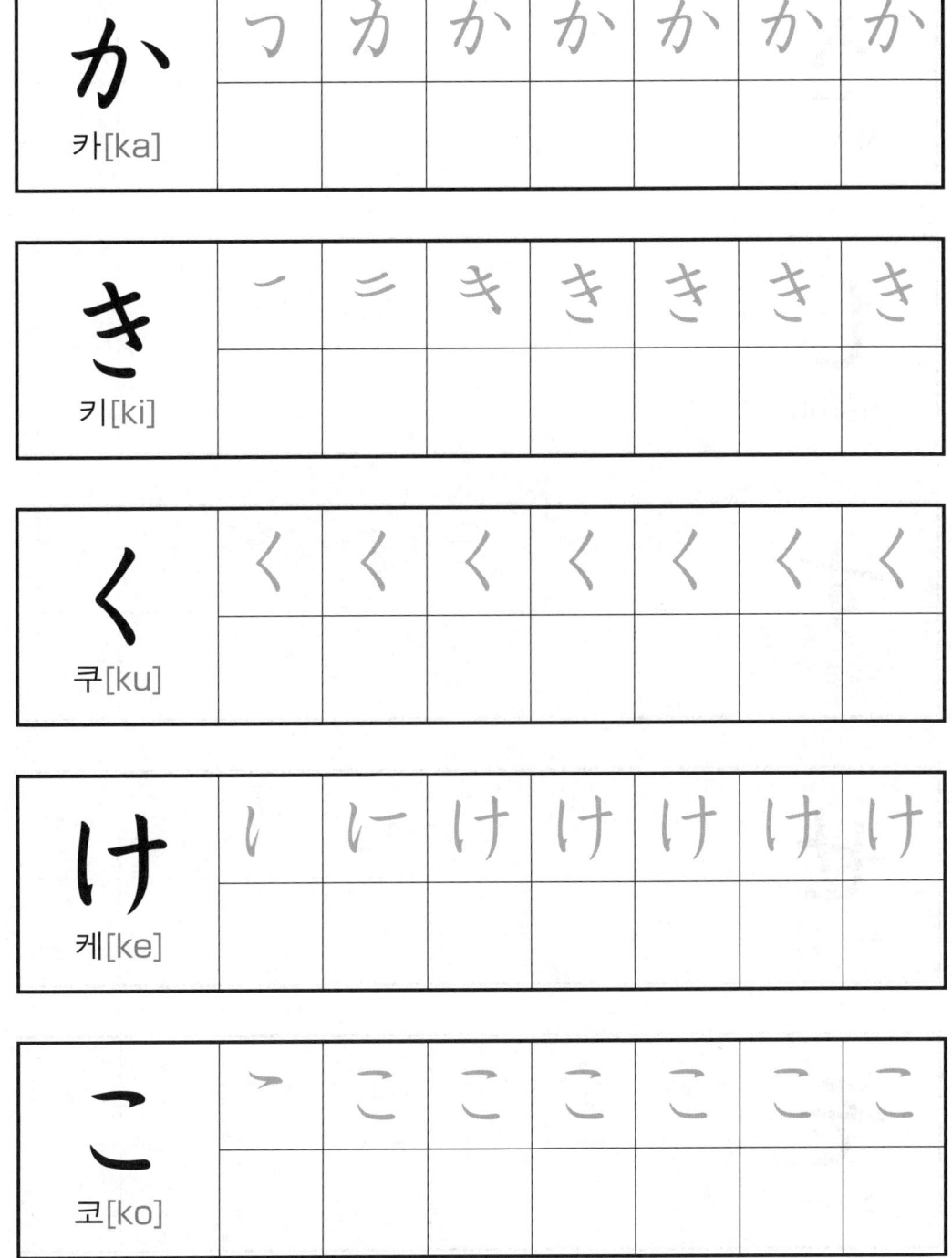

히라가나 청음

さ 사[sa]							
し 시[shi]							
す 스[su]							
せ 세[se]							
そ 소[so]							

た	타[ta]
ち	치[chi]
つ	츠[tsu]
て	테[te]
と	토[to]

히라가나 청음

な 나[na]	一	ナ	な	な	な	な

に 니[ni]	い	に	に	に	に	に

ぬ 누[nu]	ヽ	ぬ	ぬ	ぬ	ぬ	ぬ

ね 네[ne]	｜	ね	ね	ね	ね	ね

の 노[no]	の	の	の	の	の	の

は 하[ha]	ı	に	は	は	は	は	は

ひ 히[hi]	ひ	ひ	ひ	ひ	ひ	ひ	ひ

ふ 후[hu]	`	う	ふ	ふ	ふ	ふ	ふ

へ 헤[he]	へ	へ	へ	へ	へ	へ	へ

ほ 호[ho]	ı	に	に	ほ	ほ	ほ	ほ

히라가나 청음

ま 마[ma]	一	二	ま	ま	ま	ま	ま

み 미[mi]	み	み	み	み	み	み	み

む 무[mu]	一	も	む	む	む	む	む

め 메[me]	ヽ	め	め	め	め	め	め

も 모[mo]	も	も	も	も	も	も	も

や	つ	う	や	や	や	や	や
야[ya]							

ゆ	い	ゆ	ゆ	ゆ	ゆ	ゆ	ゆ
유[yu]							

よ	`	よ	よ	よ	よ	よ	よ
요[yo]							

쓰기 어려운 글자 연습

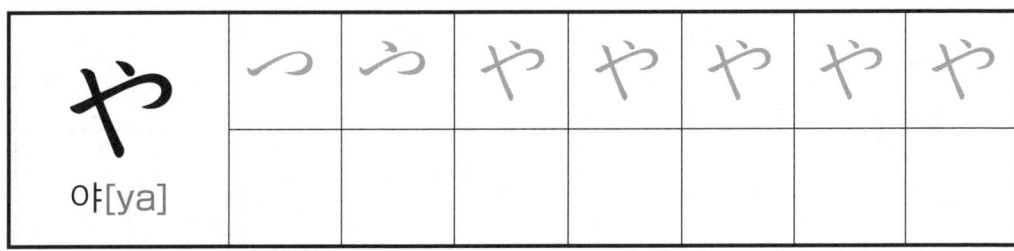

え
에

나

お
오

누

そ
소

미

히라가나 청음

| ら 라[ra] | 、 | ら | ら | ら | ら | ら | ら |

| り 리[ri] | l | り | り | り | り | り | り |

| る 루[ru] | る | る | る | る | る | る | る |

| れ 레[re] | l | れ | れ | れ | れ | れ | れ |

| ろ 로[ro] | ろ | ろ | ろ | ろ | ろ | ろ | ろ |

わ 와[wa]	丨	わ	わ	わ	わ	わ	わ

を 오[o]	一	ナ	を	を	を	を	を

ん 응[N]	ん	ん	ん	ん	ん	ん	ん

쓰기 어려운 글자 연습

め 메 ひ 히 る 루

れ 레 わ 와 を 오

가타카나 청음

| ア 아[a] | ア | ア | ア | ア | ア | ア | ア |

| イ 이[i] | イ | イ | イ | イ | イ | イ | イ |

| ウ 우[u] | ウ | ウ | ウ | ウ | ウ | ウ | ウ |

| エ 에[e] | エ | エ | エ | エ | エ | エ | エ |

| オ 오[o] | オ | オ | オ | オ | オ | オ | オ |

カ 카[ka]	ｱ	カ	カ	カ	カ	カ	カ

キ 키[ki]	一	二	キ	キ	キ	キ	キ

ク 쿠[ku]	ノ	ク	ク	ク	ク	ク	ク

ケ 케[ke]	ノ	⺊	ケ	ケ	ケ	ケ	ケ

コ 코[ko]	ㄱ	コ	コ	コ	コ	コ	コ

サ 사[sa]	一	ナ	サ	サ	サ	サ	サ

シ 시[shi]	ヽ	ミ	シ	シ	シ	シ	シ

ス 스[su]	フ	ス	ス	ス	ス	ス	ス

セ 세[se]	一	セ	セ	セ	セ	セ	セ

ソ 소[so]	ヽ	ソ	ソ	ソ	ソ	ソ	ソ

タ 타[ta]	ノ	ク	タ	タ	タ	タ	タ

チ 치[chi]	ー	二	チ	チ	チ	チ	チ

ツ 츠[tsu]	、	゛	ツ	ツ	ツ	ツ	ツ

テ 테[te]	ー	二	テ	テ	テ	テ	テ

ト 토[to]	l	ト	ト	ト	ト	ト	ト

ナ 나[na]	一	ナ	ナ	ナ	ナ	ナ	ナ

二 니[ni]	一	二	二	二	二	二	二

ヌ 누[nu]	フ	ヌ	ヌ	ヌ	ヌ	ヌ	ヌ

ネ 네[ne]	`	ラ	ネ	ネ	ネ	ネ	ネ

ノ 노[no]	ノ	ノ	ノ	ノ	ノ	ノ	ノ

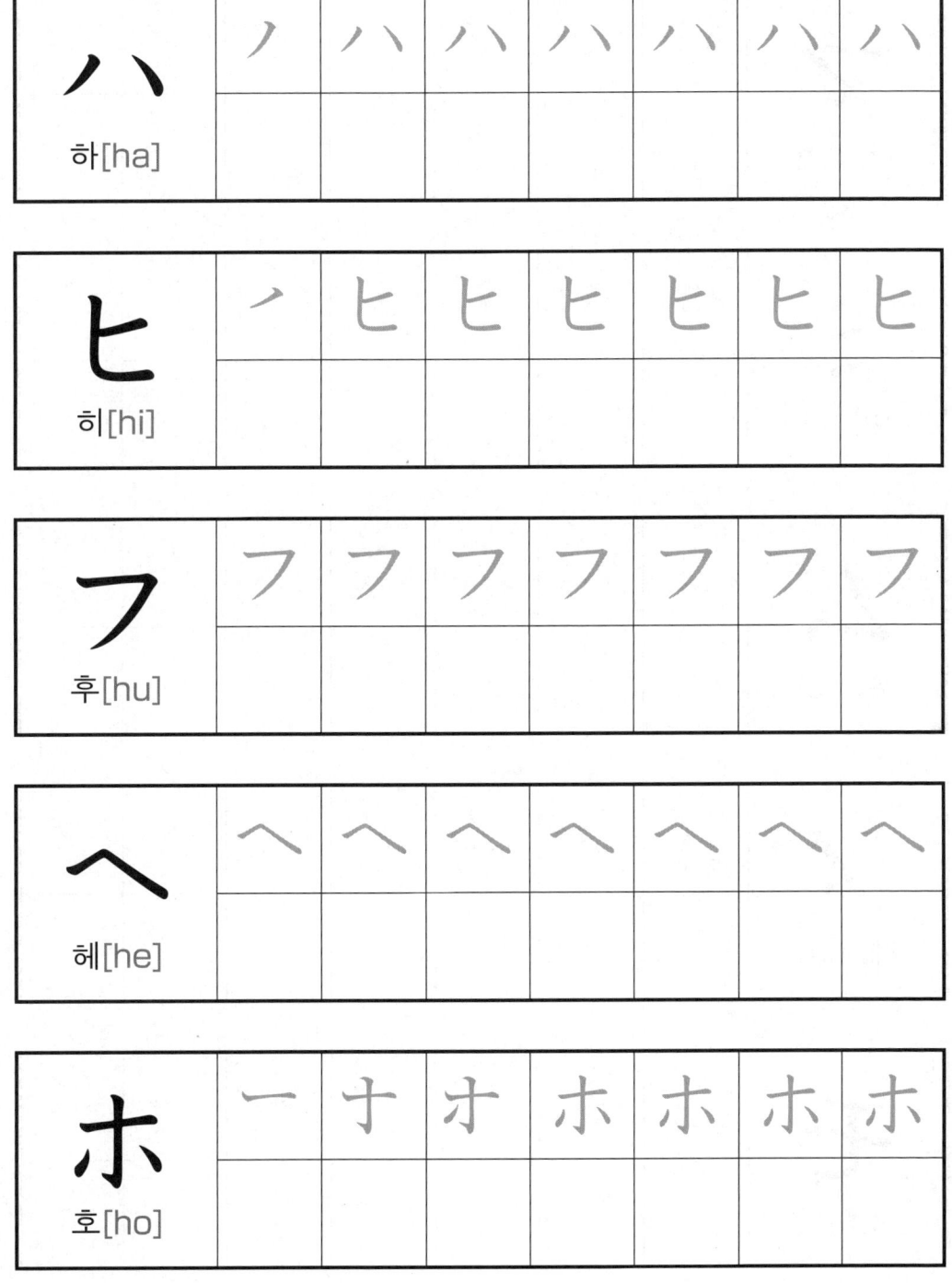

マ 마[ma]	フ	マ	マ	マ	マ	マ	マ

ミ 미[mi]	ˋ	ˋˋ	ミ	ミ	ミ	ミ	ミ

ム 무[mu]	ᐟ	ム	ム	ム	ム	ム	ム

メ 메[me]	ノ	メ	メ	メ	メ	メ	メ

モ 모[mo]	ー	二	モ	モ	モ	モ	モ

ヤ 야[ya]	⌐	ヤ	ヤ	ヤ	ヤ	ヤ

ユ 유[yu]	⌐	ユ	ユ	ユ	ユ	ユ

ヨ 요[yo]	⌐	⌐	ヨ	ヨ	ヨ	ヨ	ヨ

헷갈리는 글자 똑바로 쓰기

シ 시	ツ 츠		コ 코	ユ 유
オ 오	ネ 네		ホ 호	モ 모

가타카나 청음

ラ 라[ra]	ー	ラ	ラ	ラ	ラ	ラ	ラ

リ 리[ri]	ノ	リ	リ	リ	リ	リ	リ

ル 루[ru]	ノ	ル	ル	ル	ル	ル	ル

レ 레[re]	レ	レ	レ	レ	レ	レ	レ

ロ 로[ro]	ノ	冂	ロ	ロ	ロ	ロ	ロ

ワ 와[wa]	`	ワ	ワ	ワ	ワ	ワ	ワ

ヲ 오[o]	ー	ニ	ヲ	ヲ	ヲ	ヲ	ヲ

ン 응[N]	`	ン	ン	ン	ン	ン	ン

헷갈리는 글자 똑바로 쓰기

ソ	ン		ラ	ヲ
소	응		라	오

が 가[ga]	つ	カ	か	が	が	が	が

ぎ 기[gi]	ー	二	キ	き	ぎ	ぎ	ぎ

ぐ 구[gu]	く	ぐ	ぐ	ぐ	ぐ	ぐ	ぐ

げ 게[ge]	l	lー	け	げ	げ	げ	げ

ご 고[go]	丶	こ	ご	ご	ご	ご	ご

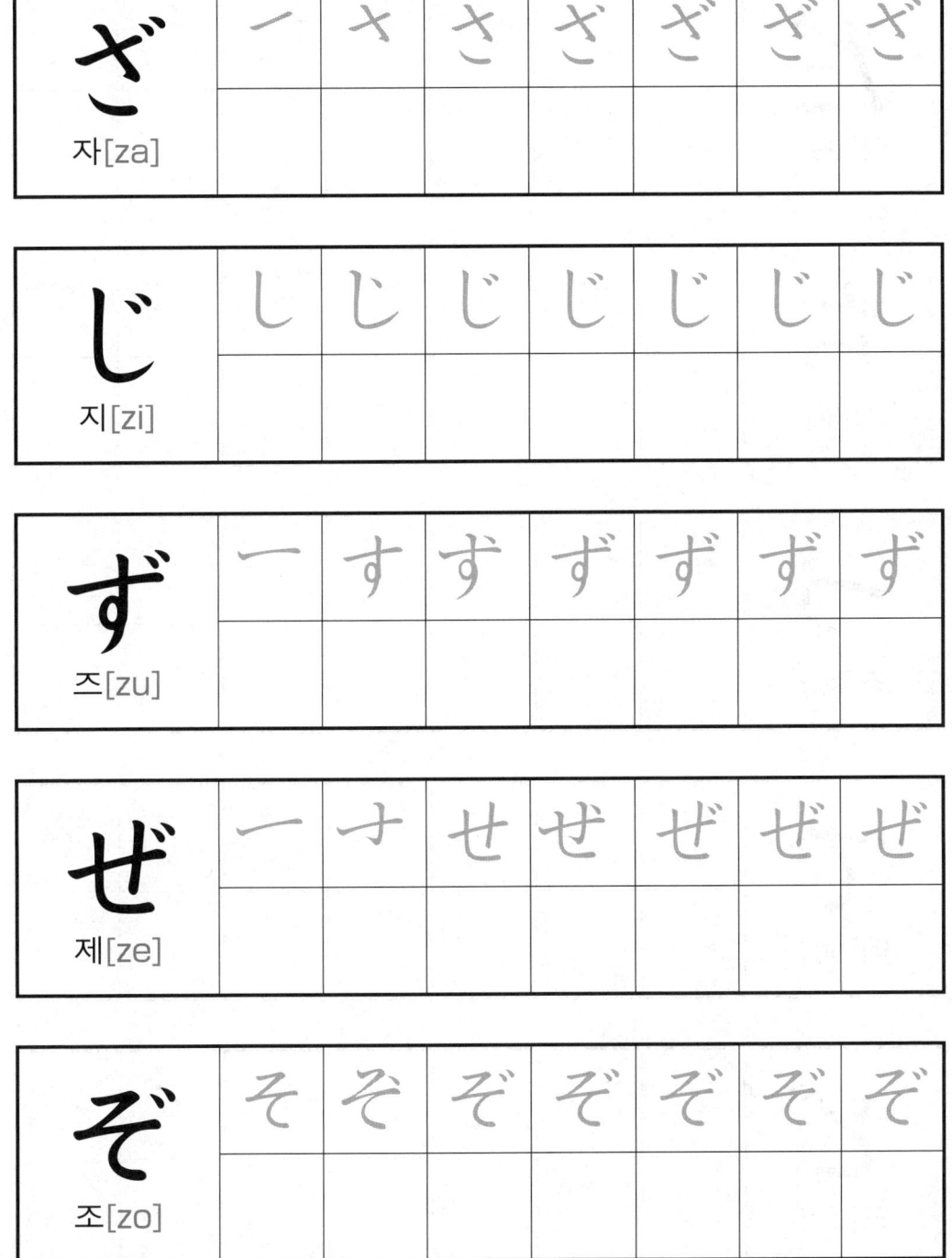

히라가나 탁음

だ 다[da]	⟍	ナ	た	た	だ	だ	だ

ぢ 지[zi]	⟍	ち	ち	ぢ	ぢ	ぢ	ぢ

づ 즈[zu]	つ	づ	づ	づ	づ	づ	づ

で 데[de]	て	て	で	で	で	で	で

ど 도[do]	⟍	と	ど	ど	ど	ど	ど

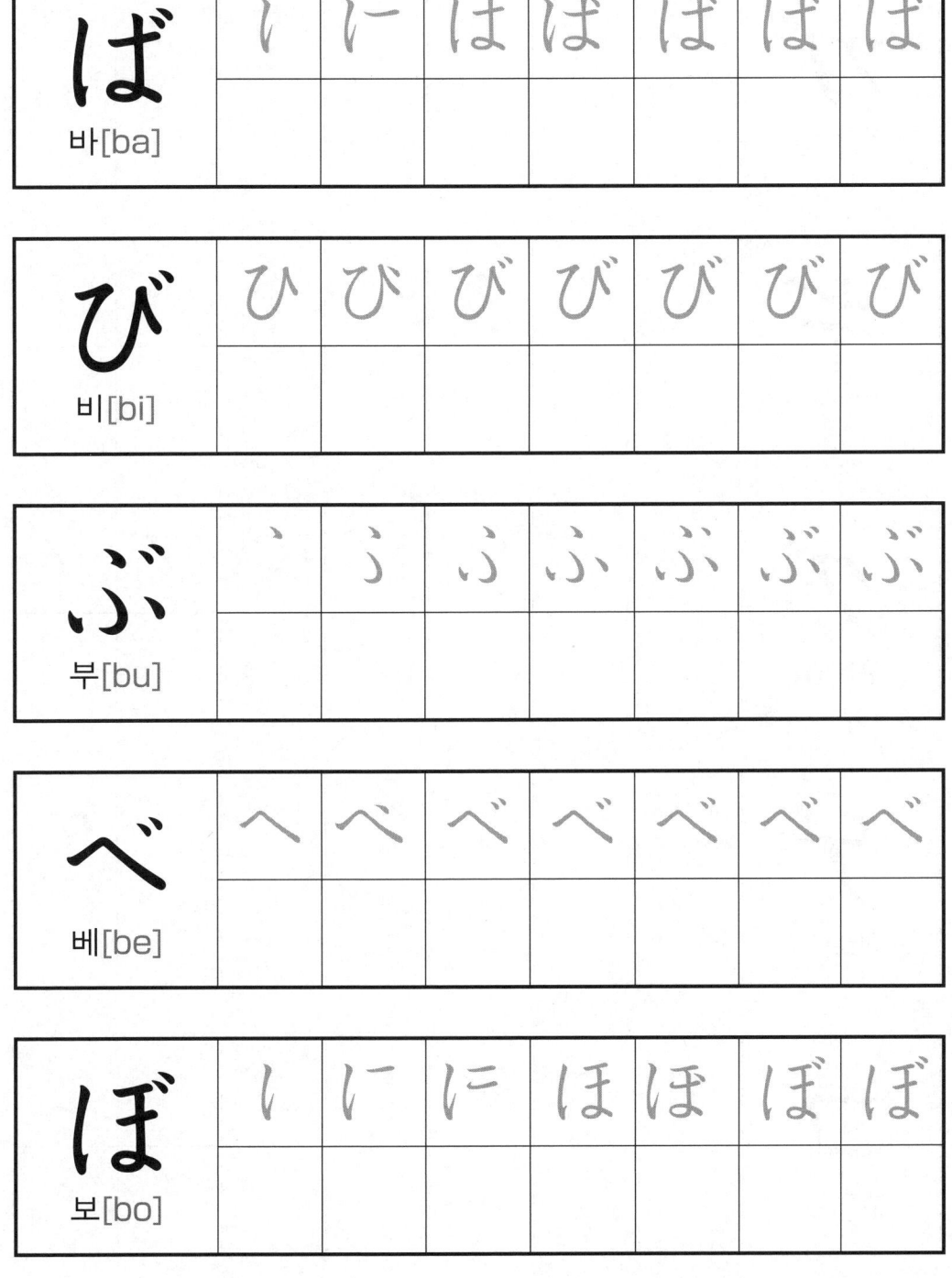

ガ 가[ga]	フ	カ	ガ	ガ	ガ	ガ
ギ 기[gi]	一	二	キ	キ	ギ	ギ	ギ
グ 구[gu]	ノ	ク	グ	グ	グ	グ	グ
ゲ 게[ge]	ノ	ト	ケ	ケ	ゲ	ゲ	ゲ
ゴ 고[go]	フ	コ	ゴ	ゴ	ゴ	ゴ	ゴ

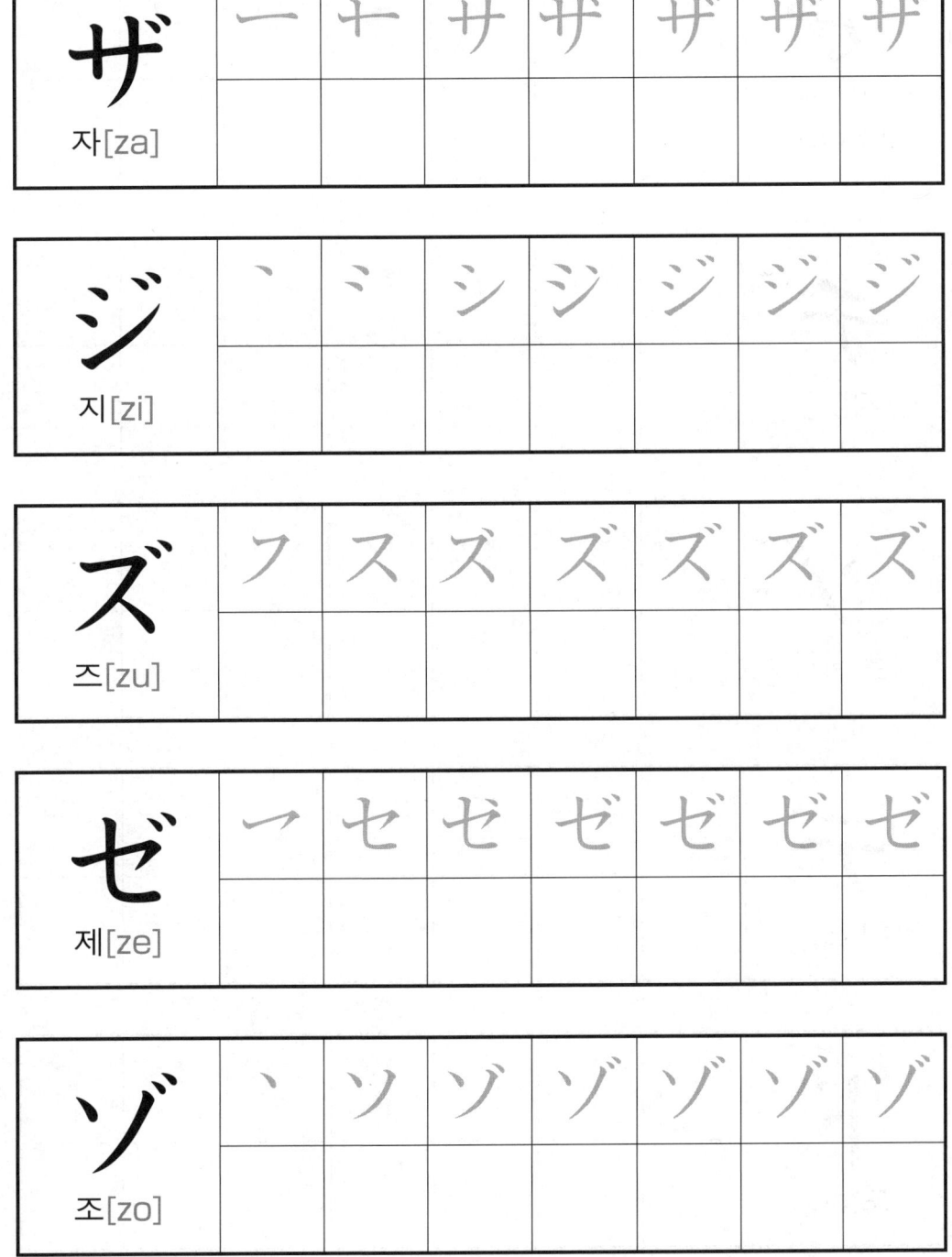

ダ 다[da]	ノ	ク	タ	ダ	ダ	ダ	ダ

ヂ 지[zi]	ー	二	チ	ヂ	ヂ	ヂ	ヂ

ヅ 즈[zu]	`	``	ツ	ヅ	ヅ	ヅ	ヅ

デ 데[de]	ー	二	テ	テ	デ	デ	デ

ド 도[do]	l	ト	ト	ド	ド	ド	ド

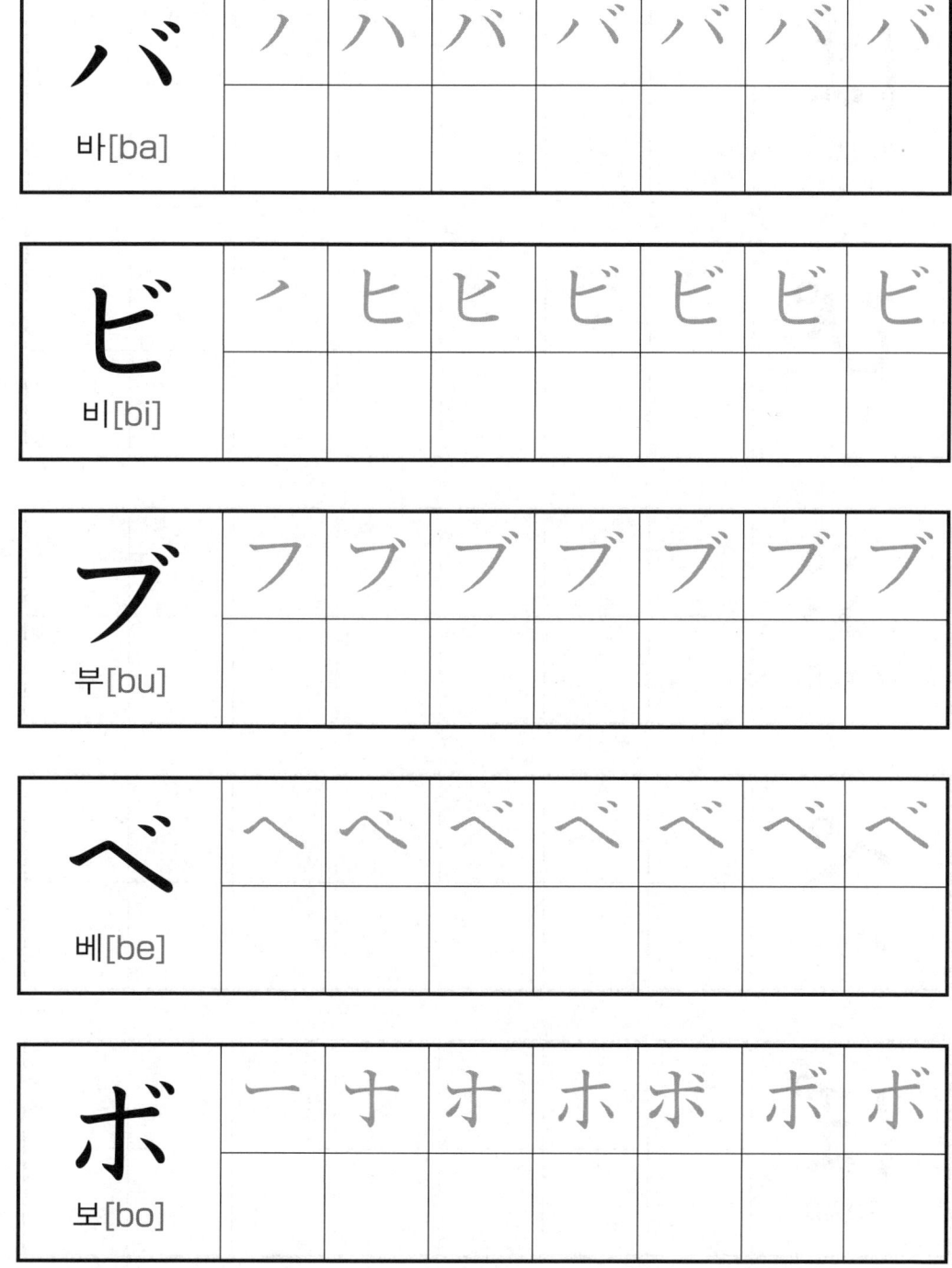

히라가나 반탁음

ぱ 파[pa]	い	に	は	ぱ	ぱ	ぱ	ぱ

ぴ 피[pi]	ひ	ぴ	ぴ	ぴ	ぴ	ぴ	ぴ

ぷ 푸[pu]	ˋ	う	ふ	ぷ	ぷ	ぷ	ぷ

ぺ 페[pe]	へ	ぺ	ぺ	ぺ	ぺ	ぺ	ぺ

ぽ 포[po]	い	に	に	ぽ	ぽ	ぽ	ぽ

パ 파[pa]	ノ	ハ	パ	パ	パ	パ	パ

ピ 피[pi]	ノ	ヒ	ピ	ピ	ピ	ピ	ピ

プ 푸[pu]	フ	プ	プ	プ	プ	プ	プ

ペ 페[pe]	へ	ペ	ペ	ペ	ペ	ペ	ペ

ポ 포[po]	一	十	オ	ホ	ポ	ポ	ポ

きゃ 캬[kya]	きゃ	きゅ 큐[kyu]	きゅ	きょ 쿄[kyo]	きょ

ぎゃ 갸[gya]	ぎゃ	ぎゅ 규[gyu]	ぎゅ	ぎょ 교[gyo]	ぎょ

しゃ 샤[sha]	しゃ	しゅ 슈[shu]	しゅ	しょ 쇼[sho]	しょ

じゃ 쟈[ja]	じゃ	じゅ 쥬[ju]	じゅ	じょ 죠[jo]	じょ

ちゃ 챠[cha]	ちゃ	ちゅ 츄[chu]	ちゅ	ちょ 쵸[cho]	ちょ

にゃ 냐[nya]	にゃ	にゅ 뉴[nyu]	にゅ	にょ 뇨[nyo]	にょ

ひゃ 햐[hya]	ひゃ	ひゅ 휴[hyu]	ひゅ	ひょ 효[hyo]	ひょ

びゃ 뱌[bya]	びゃ	びゅ 뷰[byu]	びゅ	びょ 뵤[byo]	びょ

ぴゃ 퍄[pya]	ぴゃ	ぴゅ 퓨[pyu]	ぴゅ	ぴょ 표[pyo]	ぴょ

みゃ	みゃ	みゅ	みゅ	みょ	みょ
먀[mya]		뮤[myu]		묘[myo]	

りゃ	りゃ	りゅ	りゅ	りょ	りょ
랴[rya]		류[ryu]		료[ryo]	

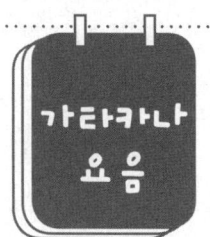

キャ	キャ	キュ	キュ	キョ	キョ
캬[kya]		큐[kyu]		쿄[kyo]	

ギャ	ギャ	ギュ	ギュ	ギョ	ギョ
갸[gya]		규[gyu]		교[gyo]	

シャ	シャ	シュ	シュ	ショ	ショ
샤[sha]		슈[shu]		쇼[sho]	

ジャ 쟈[ja]	ジャ	ジュ 쥬[ju]	ジュ	ジョ 죠[jo]	ジョ

チャ 챠[cha]	チャ	チュ 츄[chu]	チュ	チョ 쵸[cho]	チョ

ニャ 냐[nya]	ニャ	ニュ 뉴[nyu]	ニュ	ニョ 뇨[nyo]	ニョ

가타카나 요음

ヒャ 햐[hya]	ヒャ	ヒュ 휴[hyu]	ヒュ	ヒョ 효[hyo]	ヒョ

ビャ 뱌[bya]	ビャ	ビュ 뷰[byu]	ビュ	ビョ 뵤[byo]	ビョ

ピャ 퍄[pya]	ピャ	ピュ 퓨[pyu]	ピュ	ピョ 표[pyo]	ピョ

ミヤ	ミヤ	ミュ	ミュ	ミョ	ミョ
먀[mya]		뮤[myu]		묘[myo]	

リャ	リャ	リュ	リュ	リョ	リョ
랴[rya]		류[ryu]		료[ryo]	

단어

あい 사랑	あい		
いえ 집	いえ		
うえ 위	うえ		
あお 파랑	あお		
あか 빨강	あか		
かき 감	かき		
かく 쓰다, 적다	かく		
いけ 연못	いけ		
こえ 목소리	こえ		
かさ 우산	かさ		

あし 발	あし		
すし 초밥	すし		
せかい 세계	せかい		
うそ 거짓	うそ		
した 아래	した		
くち 입	くち		
つくえ 책상	つくえ		
そと 밖	そと		
なつ 여름	なつ		
なに 무엇	なに		

단어

いぬ 개	いぬ		
ねこ 고양이	ねこ		
きのう 어제	きのう		
はは 어머니	はは		
ふね 배	ふね		
へそ 배꼽	へそ		
ほし 별	ほし		
うま 말	うま		
みみ 귀	みみ		
むすめ 딸	むすめ		
もも 복숭아	もも		

やま 산	やま		
ゆめ 꿈	ゆめ		
よこ 옆	よこ		
とら 호랑이	とら		
もり 숲	もり		
ひる 낮	ひる		
これ 이것	これ		
ひろい 넓다	ひろい		
わたし 저, 나	わたし		
ほん 책	ほん		
がか 화가	がか		

단어

かぎ 열쇠	かぎ		
かぐ 가구	かぐ		
かげ 그늘	かげ		
ごご 오후	ごご		
ひざ 무릎	ひざ		
あじ 맛	あじ		
みず 물	みず		
かぜ 바람	かぜ		
ぞう 코끼리	ぞう		
だいがく 대학교	だいがく		
そで 소매	そで		

まど 창문	まど		
ばら 장미	ばら		
くび 목	くび		
ぶた 돼지	ぶた		
べんとう 도시락	べんとう		
ぼうし 모자	ぼうし		
かんぱい 건배	かんぱい		
えんぴつ 연필	えんぴつ		
てんぷら 튀김	てんぷら		
ぺらぺら 술술	ぺらぺら		
さんぽ 산책	さんぽ		

きゃく 손님	きゃく		
きゅうり 오이	きゅうり		
きょう 오늘	きょう		
しゃかい 사회	しゃかい		
しゅうしょく 취업			
しゅうしょく			
しょくどう 식당			
しょくどう			
おちゃ 차	おちゃ		
ちゅうい 주의	ちゅうい		

ちょうせん 도전	
ちょうせん	

こんにゃく 곤약	
こんにゃく	

ぎゅうにゅう 우유	
ぎゅうにゅう	

にょうぼう 아내	
にょうぼう	

ひゃく 백	ひゃく	

ひゅうひゅう 바람이 심하게 부는 모양	
ひゅうひゅう	

단어

ひょうげん 표현	
ひょうげん	

みゃく 맥	みゃく		

みょうじ 성씨	みょうじ		

りゃくじ 약자	りゃくじ		

りゅうがく 유학	
りゅうがく	

りょうり 요리	りょうり		

ぎゃく 반대	ぎゃく		

ぎょうざ 만두	ぎょうざ		

じゃんけん	
가위바위보	
じゃんけん	

じゅう	じゅう		
십			

かのじょ	かのじょ		
여자 친구			

さんびゃく	
삼백	
さんびゃく	

びゅうびゅう	
씽씽	
びゅうびゅう	

びょういん	
병원	
びょういん	

ろっぴゃく 육백	
ろっぴゃく	

ぴゅうぴゅう 쌩쌩	
ぴゅうぴゅう	

はっぴょう 발표	
はっぴょう	

がっこう 학교	がっこう		
がっか 학과	がっか		
ゆっくり 천천히	ゆっくり		
けっせき 결석	けっせき		
ざっし 잡지	ざっし		

ひっす 필수	ひっす		
ちょっと 조금	ちょっと		
ぜったい 절대	ぜったい		
あっち 저쪽	あっち		
いっぱい 가득	いっぱい		
いっぽん 한 병	いっぽん		
いっぷん 1분	いっぷん		
さんま 꽁치	さんま		
はんぶん 반	はんぶん		
かんじ 한자	かんじ		
おんち 음치	おんち		

おんど 온도	おんど		
あんない 안내	あんない		
れんらく 연락	れんらく		
かんこく 한국	かんこく		
りんご 사과	りんご		
はんい 범위	はんい		
あんしん 안심	あんしん		
きねんひん 기념품			
きねんひん			
ほんや 서점	ほんや		
でんわ 전화	でんわ		

おかあさん 어머니	
おかあさん	

おいしい 맛있다	おいしい		

すうじ 숫자	すうじ		

おねえさん 누나, 언니	
おねえさん	

せんせい 선생님	せんせい		

おおい 많다	おおい		

おとうさん 아버지	
おとうさん	

Memo

Memo

Memo

www.dongyangbooks.com
www.dongyangtv.com
m.dongyangbooks.com (모바일)

일본어뱅크

차근차근 써 보는 착착 일본어 펜맨십

이름